HÜLSEN-FRÜCHTE

Kochen mit Erbsen, Bohnen und Linsen

Jenny Damberg

Aus dem Schwedischen
von Ricarda Essrich

JAN THORBECKE VERLAG

INHALT

VORWORT

Alles fing damit an, dass wir ein Haus auf dem Land kauften. Was das mit einem Kochbuch über Bohnen zu tun hat? In alten Häusern funktioniert vieles nicht, wie es sollte. So auch bei uns. Der Kühlschrank gab den Geist auf. Die Mäuse kamen. Kamen wieder. Und wieder. Die Kartoffeln in der Speisekammer begannen zu keimen. Keine Probleme hatten wir dagegen mit allem, was in dicht verschließbaren Gefäßen oder Tüten oder in Plastikdosen aufbewahrt wurde. Bohnen brauchen kaum Platz und sättigen sehr gut. Sie sind außerdem – wie ich feststellen musste, als ich begann, mich richtig mit ihnen zu beschäftigen – extrem vielseitig und sehr lecker. Und obendrein kosten sie praktisch nichts. Was besonders gut ist, wenn man Nut-und-Feder-Bretter, Rigips-Platten und Hunderte Liter Farbe kaufen muss.

Weil ich selbst eine faule Köchin bin, die außerdem immer zu wenig zeitlichen Puffer einplant, wenn sie Gäste einlädt, bin ich sehr dankbar über die gekochten Bohnen, die es aus der Dose oder tiefgefroren gibt. Meist kann man sie problemlos verwenden. Doch manchmal muss man bei der Zubereitung von Grund auf beginnen: mit dem Einweichen. Das ist nicht so schwer, wie es vielleicht klingen mag. Aktiv hat man nur wenige Minuten zu tun. Man gibt die Bohnen in eine Schüssel mit Wasser, bevor man das Haus verlässt oder sich schlafen legt, und setzt sie dann auf, wenn das Abendessen ansteht.

Die Gerichte in diesem Buch brauchen in der Zubereitung zwischen drei Minuten und einigen Stunden. Es sind Rezepte, die ich über mehrere Jahre immer wieder gekocht habe, Gerichte, bei denen ich versuchte, köstliche Restaurant-Erinnerungen zu imitieren, und Interpretationen von Lieblingsgerichten aus anderen Küchen von Georgien über Brasilien bis nach China.

Ich habe eine lange Geschichte als Vegetarierin hinter mir, mit einer Teenagerzeit geprägt von Linsenbratlingen und -suppen. Trotzdem hätte ich mir nicht vorstellen können, dass Bohnen, Erbsen und Linsen *das Einzige* auf dem Teller sein könnten. Die meisten Rezepte sind vegetarisch, viele sogar vegan, ohne dass sie extra so entwickelt wurden. In einigen Rezepten werden jedoch Huhn, Fisch oder Fleisch verarbeitet. Vor allem fette und geräucherte Zutaten wie Speck oder Wurst verrichten eine Art alchemistische Magie, wenn sie auf die rustikalen Bohnen treffen.

Viel Erfolg! Ich hoffe, es schmeckt Ihnen.
Jenny Damberg

EINWEICHEN UND KOCHEN

Es gibt keine getrocknete Hülsenfrucht, die das Einweichen wirklich schlecht verträgt, doch es ist auch nicht absolut notwendig. Wenn man auf das Einweichen verzichtet, muss man jedoch einkalkulieren, dass die Zubereitungszeit länger ist und währenddessen das Kochwasser mindestens einmal ausgewechselt werden muss. Dadurch vermeidet man die unerwünschten Nebenwirkungen in Gasform, die Hülsenfrüchte haben können.

Eine schnelle Alternative zum Einweichen ist, die Bohnen/Erbsen 5 Minuten zu kochen und danach im Kochwasser 60 Minuten stehen und abkühlen zu lassen. Nach dieser Behandlung sind sie ungefähr im gleichen Zustand wie Hülsenfrüchte, die lange eingeweicht wurden. Gießen Sie dann das Kochwasser ab und bereiten Sie sie auf die gewünschte Weise zu. (Man kann natürlich argumentieren, man könnte genauso gut diese 60 Minuten darauf verwenden, die Bohnen zu kochen, um damit die Gesamtkochzeit zu optimieren. Diese Alternative eignet jedoch sich vor allem dann, wenn man Bohnen im eingeweichten, nicht gekochten Zustand benötigt, beispielsweise um Falafel zuzubereiten.)

Eine Variante, die der amerikanische Food-Autor Russ Parsons besonders empfiehlt, sieht vor, die getrockneten Hülsenfrüchte direkt in einem Topf mit Deckel im Ofen zu kochen. Parsons zufolge erhält man mit dieser Methode das maximale Aroma bei minimalem Arbeitseinsatz. Den Ofen auf 175 °C vorheizen, die Bohnen in Wasser (1,5 l Wasser auf 500 g getrocknete Zutaten) mit Gewürzen auf dem Herd aufkochen und dann in den Ofen geben, bis sie gar sind. Kalkulieren Sie eine etwas längere Kochzeit ein (30–60 Minuten zusätzlich), als wenn die Bohnen vorher eingeweicht worden wären. Parsons zufolge gibt es auch keinen Grund, das Kochwasser auszuwechseln.

Meiner Erfahrung nach brauchen Hülsenfrüchte, mit Ausnahme von roten Linsen, die scheinbar schon beim bloßen Anblick von Wasser gar werden, fast immer eine längere Kochzeit, als man zunächst denkt (das heißt als auf der Packung steht).

Bei Wasser mit hohen Anteilen von Kalzium und Magnesium, einem sogenannten harten Wasser, verlängert sich die Kochzeit. Das liegt daran, dass diese Mineralien sich mit den Pektinen in den Schalen der Hülsenfrüchte verbinden und die Bohnen sozusagen verschließen. Eine Prise Natron oder Backpulver beschleunigt den Kochprozess.

Funktioniert es mit Dosenbohnen genauso gut? In Eintöpfen und Dips lautet die Antwort: absolut, ja! In einigen Fällen ist die Antwort eher Jein. Falafel und andere Arten von Bratlingen und Bällchen sind einleuchtende Beispiele. Damit sie aus eigener Kraft in der Fritteuse zusammenhalten, müssen eingeweichte Zutaten verwendet werden, denn gekochte Bohnen haben einen zu hohen Wasseranteil. Dann würden sie zerfallen. Man kann das Ganze mit Mehl retten, aber das wirkt sich auf Geschmack und Konsistenz aus. Kocht man die Bohnen von

Grund auf, erhält man außerdem ein aromatisches Kochwasser, man könnte beinahe sagen, eine Bouillon. Diese lässt sich nicht nur für Suppen und Eintöpfe verwenden, sondern auch, um einen Dip auf die richtige Konsistenz zu verdünnen. Hummus zum Beispiel profitiert sehr davon, dass man die Kichererbsen selbst kocht. In meinem Buch habe ich darauf hingewiesen, wenn ich es für lohnenswert halte, sich die ganze Arbeit zu machen, auch wenn es nicht absolut notwendig ist.

Es gibt verschiedene Ideen, um nicht zu sagen Ideologien, wie Hülsenfrüchte optimal gekocht werden. Die einzige Regel, die ich befolge, lautet: Nach Möglichkeit Salz und Säure erst gegen Ende der Kochzeit hinzuzufügen, weil beide die Schalen der Hülsenfrüchte härter machen, was wiederum die Kochzeit verlängert. Aber müssen die Linsen einfach in Wein oder die Bohnen in Brühe kochen? Natürlich geht das. Es steckt keine hochkomplizierte Wissenschaft dahinter: Gönnt man den Bohnen nur etwas Zeit für sich, werden sie früher oder später gar. Und lecker.

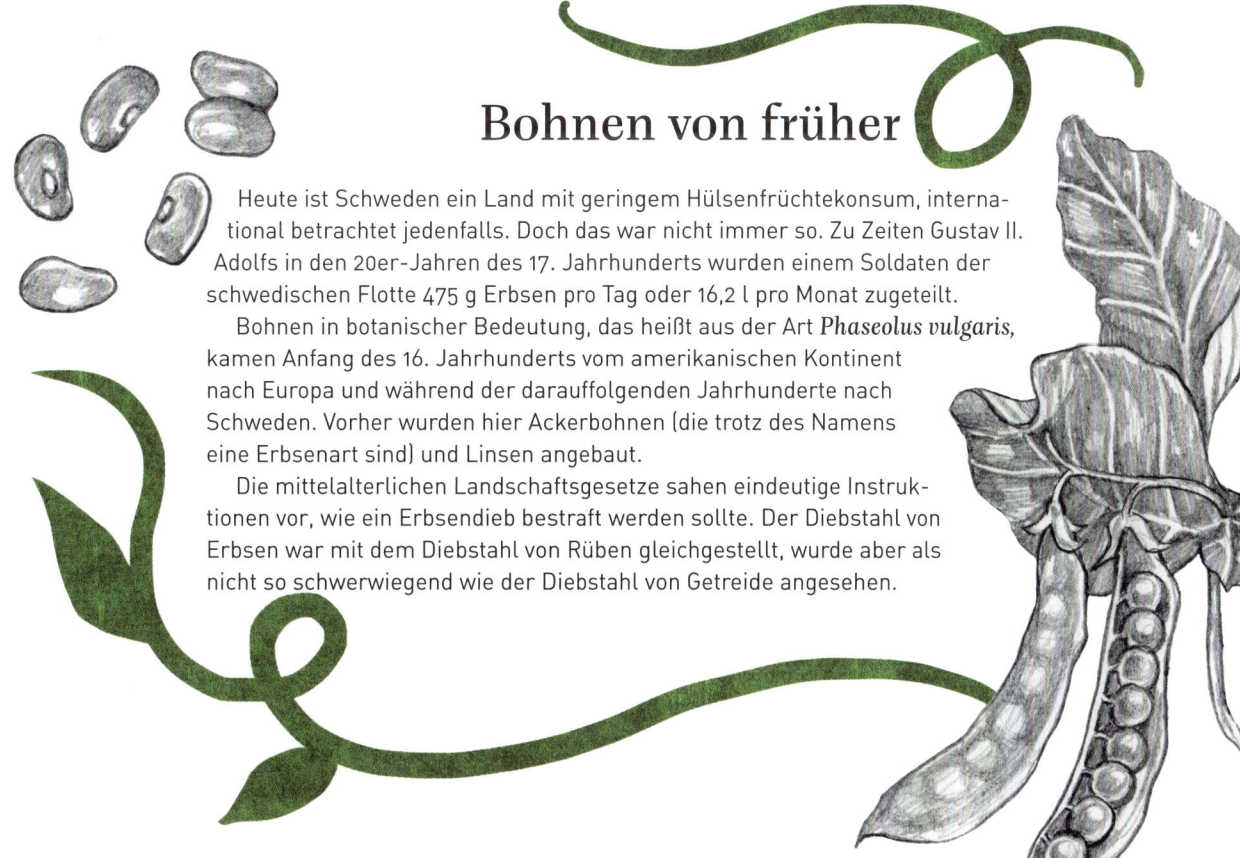

Bohnen von früher

Heute ist Schweden ein Land mit geringem Hülsenfrüchtekonsum, international betrachtet jedenfalls. Doch das war nicht immer so. Zu Zeiten Gustav II. Adolfs in den 20er-Jahren des 17. Jahrhunderts wurden einem Soldaten der schwedischen Flotte 475 g Erbsen pro Tag oder 16,2 l pro Monat zugeteilt.

Bohnen in botanischer Bedeutung, das heißt aus der Art *Phaseolus vulgaris*, kamen Anfang des 16. Jahrhunderts vom amerikanischen Kontinent nach Europa und während der darauffolgenden Jahrhunderte nach Schweden. Vorher wurden hier Ackerbohnen (die trotz des Namens eine Erbsenart sind) und Linsen angebaut.

Die mittelalterlichen Landschaftsgesetze sahen eindeutige Instruktionen vor, wie ein Erbsendieb bestraft werden sollte. Der Diebstahl von Erbsen war mit dem Diebstahl von Rüben gleichgestellt, wurde aber als nicht so schwerwiegend wie der Diebstahl von Getreide angesehen.

KEIMLINGE ZIEHEN

Verschiedene Arten von Hülsenfrüchten sind unterschiedlich leicht zum Keimen zu bewegen. Am einfachsten geht es mit Mungbohnen und grünen Linsen. Doch es funktioniert mit allen ganzen Bohnen, Erbsen und Linsen. Halbe Linsen – rote Linsen werden zum Beispiel meist halbiert verkauft – lassen sich jedoch nur schwer zu dieser Arbeit überreden. Die Keimlinge können roh in Salaten verzehrt, gebraten oder zum Ende der Garzeit in Eintöpfen mitgekocht werden. Als Variante kann man Hummus aus Kichererbsenkeimlingen statt der normalen Kichererbsen zubereiten. Es ist verblüffend, wie stark die kleinen getrockneten Samen quellen und wachsen können. Rechnen Sie mit einer ungefähren Verzehnfachung des Volumens; 100 ml getrocknete Bohnen ergeben 1 l Keimlinge.

Für das Ziehen von Keimlingen brauchen Sie eigentlich keine besondere Ausstattung (auch wenn es für diejenigen, die besonders engagiert bei der Sache sind, viele praktische Spezialgefäße mit eingebautem Spülsystem gibt). Die Utensilien finden sich in den meisten Küchen.

SIE BENÖTIGEN:

- eine Schüssel aus Kunststoff, Keramik oder Glas
- ein sauberes Küchenhandtuch oder ein anderes feinmaschiges Tuch. Es geht auch mit dünnen Nylonstrümpfen oder einem Baumwollkissenbezug.
- Gummiband oder Schnur, um das Tuch glatt um den Rand des Gefäßes zu spannen
- ein Sieb

SO WIRD'S GEMACHT: Die Hülsenfrüchte mindestens 12, besser noch 24 Stunden einweichen. Danach abspülen, zurück in die Schüssel geben und mit dem Stoff abdecken. Am besten an einen dunklen Ort stellen. Die Keimlinge sollten mindestens ein-, besser noch zweimal pro Tag gespült werden. Nach 3–5 Tagen, abhängig von der Innentemperatur, sollten sie fertig für den Verzehr oder die weitere Verarbeitung sein.

Am letzten Tag oder in den letzten 24 Stunden kann man die Keimlinge in die Sonne stellen, damit die Fotosynthese angekurbelt wird und das grüne Chlorophyll ihnen eine Extraportion Aroma und Aussehen spendiert. Verwenden Sie

ein Glasgefäß, müssen Sie nichts weiter tun. Bei einer Schüssel aus einem nicht transparenten Material nehmen Sie das Tuch ab und gönnen Sie den Keimlingen ein paar Mal über den Tag verteilt etwas zusätzliche Feuchtigkeit. Sind die Keimlinge ausgewachsen, spülen Sie sie ein letztes Mal. Sollen sie nicht sofort verwendet werden, halten sie sich im Kühlschrank aufbewahrt einige Tage.

SPROSSEN AUSSÄEN

Was wir essen, sind die Samen der Hülsenfrüchte. Nachdem sie ein paar Tage keimen durften, eignen sich vor allem die gelben Erbsen zum Aussäen, um so frische Erbsensprossen zu erhalten.

SIE BENÖTIGEN:

- getrocknete gelbe Erbsen, die einen kleinen Keim entwickeln konnten, was bei normaler Zimmertemperatur 2–3 Tage dauert
- etwa 2 l Pflanzenerde pro 100 ml getrocknete Erbsen
- ein Blech, großes Tablett oder etwas, was Sie mit Erde, Wasser und Pflanzen bedecken können

SO WIRD'S GEMACHT: Die Erbsenkeimlinge auf einem ebenen Untergrund ausbreiten und darauf eine dünne Schicht Erde streuen, sodass sie gerade bedeckt sind. Wässern. An einen sonnigen Ort stellen. Ist es im Haus sehr warm und möchten Sie die Feuchtigkeit besser bewahren, stecken Sie einige Zahnstocher oder Streichhölzer hinein und ziehen Sie Klarsichtfolie darüber. In der Folie sollten einige Löcher sein, damit die Luftzufuhr nicht abgeschnitten wird. Innerhalb weniger Tage werden die Erbsensprossen herauskommen. Schneiden Sie sie nach und nach ab und wässern Sie weiter. Jede Erbse kann mehrere Sprossen erzeugen.
Wunderbarerweise funktioniert das auch im Winter. Wenn alles grau, schwarz und braun ist, kann sich eine raschelnde Schachtel mit trockenen gelben Erbsen in nur wenigen Tagen in ein frisches grünendes Feld verwandeln.

BOHNE
FÜR
BOHNE

Azukibohnen

Augenbohnen

Ackerbohnen/Saubohnen

Cannellini-Bohnen

Drachenbohnen

Buschbohnen

Kidneybohnen

Mungbohnen

Pintobohnen

weiße Riesenbohnen

schwarze Bohnen

Kichererbsen

Belugalinsen
(schwarze Linsen)

Erdnüsse

Borlotti-Bohnen

braune Bohnen

Spargelbohnen

Zuckerschoten

Sojabohnen

Gartenbohnen

grüne Erbsen

Wachsbohnen

gelbe Erbsen

gelbe Linsen

rüne Linsen

Puy-Linsen

rote Linsen

weiße Linsen

BOHNEN

AZUKIBOHNEN: Üblich in der chinesischen und japanischen Küche, nicht zuletzt für Süßspeisen. Die Azukibohnen werden zu einer Paste vermahlen, die Anko genannt wird und sowohl in Geschmack als auch Konsistenz an Marzipan erinnert. Auch Eis aus Azukibohnen ist beliebt, genauso wie Klebreis mit Bohnen. Azukibohnen funktionieren jedoch auch gut in eher sättigenden Kontexten. Probieren Sie zum Beispiel, das Schokoladen-Chili (siehe Seite 85) aus einem Teil brauner Bohnen und einem Teil Azukibohnen zuzubereiten. Azukibohnen müssen nicht eingeweicht werden. Kochen Sie sie etwa 60 Minuten.

AUGENBOHNEN: Kommen ursprünglich aus Westafrika und sind heute vor allem in der Küche der südlichen USA sehr beliebt. In Soulfood-Gerichten wie dem Hoppin' John (ein Pfannengericht aus Bohnen, Reis, Zwiebeln und Speck) sind Augenbohnen fester Bestandteil. Doch auch in anderen Gerichten sind sie inzwischen üblich. Die brasilianischen Bohnenbällchen Acarajé beispielsweise (siehe Seite 100) werden traditionell aus Augenbohnen zubereitet, doch weil ich finde, dass diese auch mit weißen Riesenbohnen lecker sind – und sich diese deutlich einfacher schälen lassen –, mussten die Augenbohnen ihnen in diesem Rezept den Vortritt lassen. Augenbohnen müssen nicht eingeweicht werden. Kochen Sie sie etwa 60 Minuten.

ACKERBOHNEN/SAUBOHNEN: Getrocknete Ackerbohnen sind in der ägyptischen Spezialität Foul Medammas (manchmal auch Ful Mudammas geschrieben) enthalten, einem Bohnen-Dip, der in Aussehen und Konsistenz an braune Bohnen erinnert, jedoch mit Zitrone, glatter Petersilie, Knoblauch, Chili und Kreuzkümmel abgeschmeckt wird. Weichen Sie Ackerbohnen mindestens 12 Stunden ein, besser noch 24. Danach müssen Sie sie schälen und etwa 2 Stunden kochen.

Im Spätsommer finden Sie frische Ackerbohnen in den Geschäften und auf Märkten. Probieren Sie einmal, sie mit Hülse zu grillen und mit dem Sardellen-Knoblauch-Dressing (siehe Seite 72) zu servieren, alternativ nur mit ein paar Spritzern Olivenöl, Salz und Zitronensaft. Sind die Hülsen älter und fester, hat die Bohne in der Hülse selbst eine Schale entwickelt und schmeckt besser, wenn man diese entfernt. Sie löst sich leicht, wenn die Bohnen erst einmal kochen. Ackerbohnen, die botanisch gesehen zu den Erbsen zählen, gehören zu den ersten Hülsenfrüchten, die angebaut wurden. Schon aus der frühen Steinzeit ist der Anbau der Bohnen belegt. Ackerbohnen (ohne Hülsen) werden auch tiefgekühlt verkauft. In einigen Fällen müssen auch diese nach dem Kochen geschält werden. Die großen, flachen, hellgrünen Bohnen haben einen reinen, frischen Bohnengeschmack. Ich verwende sie gerne in Salaten, und in der würzigen Omelette auf Seite 58 haben sie einen festen Platz.

BORLOTTI-BOHNEN: Sind getrocknet möglicherweise schwer zu bekommen. Aber lassen Sie sich die Gelegenheit nicht entgehen, wenn sie sich Ihnen bietet. Borlotti-Bohnen sind cremig und eignen sich sehr gut für Eintöpfe. Sie ähneln den Pintobohnen, die wiederum im vorgekochten Zustand schwer zu finden sind. Probieren Sie, die beiden Sorten gegeneinander auszutauschen. Borlotti-Bohnen lassen sich auch leicht anbauen, als Belohnung im Gemüsegarten winken hübsch rot gesprenkelte Hülsen. Weichen Sie getrocknete Borlotti-Bohnen mindestens 12 Stunden ein, dann kochen Sie sie 60–90 Minuten.

BRAUNE BOHNEN: Braune Bohnen aus Öland gehören zu den wenigen schwedischen Zutaten und Lebensmitteln, die innerhalb der EU über eine geschützte geografische Herkunftsangabe verfügen. Lange wurde braune Bohnen synonym mit dem Gericht „Braune Bohnen mit Schweinefleisch" verwendet, eine süß-säuerliche, traditionelle schwedische Art der Zubereitung, bei der die Bohnen mit Sirup und Essigessenz gekocht werden. Heutzutage laufen zahlreiche Entwicklungsprojekte, um den Anwendungsbereich zu vergrößern. Es werden Chips aus braunen Bohnen hergestellt, und man hat sogar versucht, „Nougat aus Öland" bekannt zu machen, das unter anderem aus braunen Bohnen hergestellt wird. Ich finde, braune Bohnen funktionieren gut in Chilis und anderen kräftig gewürzten Eintöpfen. Weichen Sie die Bohnen mindestens 10–12 Stunden ein, gerne länger. Danach kochen Sie sie 60–90 Minuten.

CANNELLINI-BOHNEN: Wie die weißen Riesenbohnen haben die italienischen Cannellini-Bohnen einen feinen Geschmack und eine buttrige Konsistenz. Sie passen gut zu etwas subtileren Geschmacksrichtungen wie zum Beispiel in eine leichte Tomatensauce. Durch die dünne Schale eignen sich Cannellini-Bohnen auch besonders gut zum Pürieren oder für Dips. Vorgekochte Cannellini-Bohnen lassen sich für alles Mögliche verwenden. Getrocknete Bohnen werden 6–8 Stunden eingeweicht und danach 60–90 Minuten gekocht.

DRACHENBOHNEN/GOABOHNEN: Sie haben vier gezackte „Kanten" – die Inspiration für den fantasievollen Namen der Bohnen. Drachenbohnen wachsen in Südostasien, bei uns findet man sie im Kühlregal in gut sortierten Asia-Supermärkten. Essen Sie sie roh oder kurz blanchiert in Salaten.

BUSCHBOHNEN: Schon komisch, dass man ihrer nicht überdrüssig wird. Vielleicht liegt es daran, dass Buschbohnen – die am häufigsten genutzten frischen Bohnen – so viele Verwendungsformen haben. Brechbohnen, wie sie auch genannt werden, schmecken genauso gut kurz blanchiert pur wie in beinahe verkochtem Zustand als griechische Fasolakia (siehe Seite 57). Frische Buschbohnen gibt es das ganze Jahr über, doch ich finde, die gefrorenen sind meist genauso gut.

KIDNEYBOHNEN: Wenn es eine Hülsenfrucht gibt, die aufgrund der Art, wie sie in Kantinen im ganzen Land serviert wird, einen hässlichen Namen bekommen hat, dann sind es Kidneybohnen. Meiner Meinung nach kommen Kidneybohnen, die ziemlich mehlig schmecken, am besten zusammen mit kraftvollen Geschmacksrichtungen und einem guten Schuss Säure zur Geltung. In Chilis und anderen richtig würzigen Eintöpfen wie dem georgischen Kidneybohneneintopf mit Walnüssen (siehe Seite 102) sind sie der Gewinner. Weichen Sie sie 10–12 Stunden ein, kochen Sie sie danach ca. 90 Minuten. Achten Sie darauf, dass die Bohnen richtig kochen und nicht nur sieden: Rohe Kidneybohnen enthalten eine ungewöhnlich hohe Menge des giftigen Proteins Phytohämagglutinin, das aber durch das Einweichen und Kochen für mindestens 10 Minuten verschwindet.

SPARGELBOHNEN: Werden vor allem in Südostasien inklusive dem südlichen China angebaut. Die Bohnenhülsen werden leicht bis zu 1 m lang. Bei uns findet man sie in gut sortierten Asia-Supermärkten. Junge Bohnen können roh gegessen werden, doch die Exemplare, die Sie hier bekommen, sind meist nicht so zart und müssen zubereitet werden. Eine dankbare Zubereitungsart ist es, sie direkt zu braten, ohne sie vorher zu blanchieren, was jedoch ganz klar einfacher wird, wenn man sie zuerst in kleinere Stücke schneidet. Die Bohnen schmecken angenehm bitter, weshalb sie gut zu süßen, intensiven und gesättigten Aromen wie Ingwer und Sojasauce passen.

MUNGBOHNEN: Vielleicht die allerbeste Keimbohne. Die Sprossen, die im Supermarkt verkauft werden und sich häufig in chinesischen Wokgerichten finden, wurden aus Mungbohnen gezogen. Ein anderes Produkt aus Mungbohnen sind Glasnudeln, superdünne Nudeln, die meist im Wok zubereitet oder als Füllung in Frühlingsrollen verarbeitet werden. Mungbohnen müssen nicht eingeweicht werden. Sie sind nach 60 Minuten Kochzeit gar.

PINTOBOHNEN: Hübsch gesprenkelte Bohnen, die wie die schwarzen Bohnen häufig in der mexikanischen und nordamerikanischen Küche verwendet werden. Pintobohnen sind üblich im Bohnenpüree Frijoles refritos (engl. Refried Beans). Weichen Sie sie mindestens 6 Stunden ein und kochen Sie sie dann ca. 60 Minuten.

GARTENBOHNEN: Breite, flache Hülsen, in denen die Bohnen eine untergeordnete Rolle spielen, weil sie so klein sind. Gartenbohnen werden das ganze Jahr über frisch verkauft. Sie machen sich gut gegrillt oder in einer Mehlschwitze, am besten mit einer leichten Säurenote. In dem Rezept auf Seite 41 werden sie mit Weißwein, Estragon und Sahne kombiniert.

ZUCKERSCHOTEN: Schmecken doch eigentlich am besten, wie sie sind. Versuchen Sie einmal, die Schoten in gleichen Teilen Butter und Wasser zuzubereiten. Dafür braucht es nicht viel, ein paar Esslöffel jeweils reichen. Zuckerschoten lassen sich auch gut einlegen. Bei Kaiserschoten, Sugar snaps oder Mangetout (französisch, wörtlich übersetzt etwa: „Iss alles"), empfehle ich noch ausdrücklicher, sie zu essen, wie Gott sie schuf. Oder sehr kurz in leicht gesalzenem Wasser blanchiert.

SOJABOHNEN: Unglaublich nahrhaft. Sojabohnen enthalten vollwertiges Eiweiß und mehr Fett als andere Bohnen. In China, Japan, Korea und Indonesien spielen Sojabohnen eine Hauptrolle. Aus getrockneten Sojabohnen wird unter anderem Tofu, Miso, Sojasauce und Tempeh (eine indonesische Spezialität, bei der ganze Sojabohnen durch Schimmelpilze zu einer kompakten Masse fermentieren) hergestellt. Auch Sojamilch wird aus getrockneten Sojabohnen hergestellt. Dazu mehr auf Seite 34.
Sojabohnen werden auch tiefgekühlt verkauft, in Hülsen und geschält. Sie sind herrlich fest und gleichzeitig etwas ölig. Edamame ist der Name der ganzen Hülsen, die als Snack gegessen werden. Probieren Sie einmal, sie zu grillen (in einem Grillkorb), wenn sich die Gelegenheit bietet. Sonst lassen sie sich auch gut erwärmen und mit Salz essen. Geschälte tiefgekühlte Sojabohnen sind meiner

Meinung nach extrem vielseitig einsetzbar. In japanischen Gerichten nehmen sie eine selbstverständliche Rolle ein, doch sie funktionieren auch sehr gut zum Beispiel im leicht russisch inspirierten Linsen-Bohnen-Salat mit Lachs auf Seite 74 und im Hühner-Kohl-Chorizo-Eintopf mit weißen Riesenbohnen auf Seite 108.

WEISSE RIESENBOHNEN: Eine sehr vielseitige Bohne. Man kennt Weiße Riesenbohnen auch unter den Namen Limabohnen, Butterbohnen und Jumbobohnen. Sie haben eine herrliche, leicht ölige Konsistenz und eignen sich für Eintöpfe; sie lassen sich gut braten oder schälen und im nächsten Schritt zu Bällchen zum Frittieren oder zu Bohnengnocchi verarbeiten. Weiße Riesenbohnen gehören sowohl in die Mittelmeerküche als auch in die Küche der USA und Südamerika. Sie passen meiner Meinung nach gut zu Aromen wie Butter, Knoblauch, Tomaten, Salbei, Petersilie und sogar Safran und Chili. Weiße Riesenbohnen müssen sehr gründlich eingeweicht werden, wenn die Kochzeit nicht extrem lang werden soll. 12–24 Stunden sollten es sein. Kalkulieren Sie dann 90 Minuten Kochzeit. Vorgekochte weiße Bohnen sind jedoch für die meisten der Rezepte in diesem Buch eine vollwertige Alternative.

SCHWARZE BOHNEN: Üblich in der mexikanischen und nordamerikanischen Küche. Sie passen zu Alltagsgerichten mit Chili, Knoblauch und Kreuzkümmel in Chilis und Suppen. Oder man brät sie zu einem sämigen Püree mit Speck oder einem anderen fetten, geräucherten Fleisch. Schwarze Bohnen harmonieren aber auch gut mit französischen Aromen wie Butter und Estragon. Wenn man sie kocht, färben sie ab. Um das zu verhindern, hilft etwas Öl nach dem Kochen, damit sie sich „verschließen". Weichen Sie die Bohnen mindestens 10 Stunden ein, gerne auch länger. Kochen Sie sie dann für 60–90 Minuten.

WACHSBOHNEN: Eine Variante der Brechbohnen, bei der das deutlichste Unterscheidungsmerkmal die Farbe ist. Im Spätsommer und frühen Herbst werden sie frisch verkauft, in der Tiefkühltruhe findet man sie das ganze Jahr über. Möglicherweise führt die Farbe die Geschmacksknospen in die Irre, aber ich habe das Gefühl, dass die goldgelben Wachsbohnen eine etwas buttrigere Konsistenz haben als ihre grünen Verwandten. Lecker in der denkbar einfachsten Ausführung, gekocht und nur mit etwas Butter, Salz und Zitrone verfeinert.

Erbsen

GRÜNE ERBSEN: Ein Lebensretter, mehr als irgendein anderes Lebensmittel. Hat man nur grüne Erbsen im Tiefkühler, reicht das schon. Die süßen Erbsen passen zu so vielen Rezepten. Mit noch ein paar Zutaten – Nudeln, Sahne, Zitrone oder Wurst – kann nichts mehr schiefgehen. Crème Ninon, ein grünes Erbsenschaumsüppchen, ist ein französischer Klassiker.

GELBE ERBSEN: Grüne Erbsen, die ganz reif werden durften, färben sich gelb. Nur wenige Nutzpflanzen werden so synonym mit einem einzigen Anwendungsbereich verwendet wie gelbe Erbsen mit schwedischer Erbsensuppe. Natürlich kann man auch etwas anderes als Suppe aus gelben Erbsen zubereiten, aber ich muss ehrlicherweise sagen, dass beispielsweise Bratlinge und Falafel dazu neigen, leicht fade zu schmecken. In Supermärkten gibt es auch halbe gelbe Erbsen. Diese müssen nicht eingeweicht werden und sind in ein paar Minuten gar. Ganze gelbe Erbsen müssen jedoch gründlich eingeweicht werden, gerne 12 Stunden oder länger. Die Kochzeit ist entsprechend lang, etwa 90 Minuten. Gelbe Erbsen lassen sich leicht vorkeimen, um frische Erbsensprossen zu bekommen (siehe Seite 9).

ERDNÜSSE: Ich hatte zunächst Zweifel, ob Erdnüsse wirklich hierher passen. Sicher handelt es sich um ein Erbsengewächs, aber eigentlich hält man sie kaum für ein solches, sondern für eine Nuss. Hier gab den Ausschlag, dass sie so lecker sind und leicht zu verarbeiten. Im Asia-Supermarkt kann man gekochte Erdnüsse finden, ansonsten sind im Prinzip alle im Handel erhältlichen Erdnüsse geröstet.

KICHERERBSEN: Eine der vielseitigsten Hülsenfrüchte und ein Muss in der Küche in Nordafrika und östlich davon bis nach Indien. Getrocknete Kichererbsen sehen ein wenig aus wie blasse Haselnüsse und haben eine leicht nussige Note. Kichererbsen sind die Basis für Falafel und Hummus und ein treuer Gefährte in Eintöpfen. Sie lassen sich auch gut frittieren oder mit frischen und getrockneten Gewürzen braten. Kichererbsenmehl wird verwendet, um Pakora zuzubereiten. Hier wird der Teig mit diversen Gemüsesorten und Kräutern gemischt und frittiert. In Burma wird eine schnelle Tofuvariante aus Kichererbsenmehl zubereitet, durch Kurkuma leuchtend gelb gefärbt. Weichen Sie die Kichererbsen mindestens 6 Stunden ein und kochen Sie sie 60–90 Minuten.

LINSEN

BELUGALINSEN (SCHWARZE LINSEN): Weisen eine sehr feste Konsistenz und ein feines, tatsächlich leicht erdiges Aroma auf. Am besten kocht man sie in Rotwein – sie sprechen gut auf die Säure an, und dass der Wein abfärbt, macht ihnen nichts aus.

Während des Kochens geben Belugalinsen selbst Farbe ab, aber wenn man am Ende etwas Öl einrührt, lässt der Effekt nach und die Linsen können zum Beispiel unter Salate gemischt werden, ohne dass sie ihre nähere Umgebung schwarz färben. Belugalinsen müssen nicht eingeweicht werden. Sie sind in 20–45 Minuten Kochzeit gar.

GRÜNE LINSEN: Charakterfeste Linsenart, mit erdigem, schwerem Aroma. Üblich in der Küche des Nahen Ostens und Nordafrikas. Sie halten beim Kochen sehr gut die Form und passen besonders gut in Salate, vor allem, wenn sie lauwarm serviert werden. Sie lassen sich leicht vorkeimen. Wenn man sie kochen möchte, ist es von Vorteil, wenn sie erst 2–3 Stunden eingeweicht werden. Dann beträgt die Kochzeit etwa 20 Minuten. Man kann sie aber auch ohne Einweichen kochen, das dauert dann 30–40 Minuten.

GELBE LINSEN: Sind in Supermärkten unter Umständen schwer zu finden. Gelbe Linsen sind mit Kichererbsen verwandt und etwas größer als andere Sorten. Wie rote Linsen werden sie häufig halbiert verkauft und verkochen leicht. Sie sind üblich in der indischen Küche, wo sie in Eintöpfen, Suppen und Kürbis verwendet werden. Die Rezepte für eine säuerliche rote Linsensuppe (siehe Seite 80) und die Linsensuppe mit Aprikosen, Sonnenblumen- und Kürbiskernen (siehe Seite 81) können mit gelben anstelle von roten Linsen zubereitet werden. Die Linsen sind in 10 Minuten gar.

PUY-LINSEN: Der Name ist herkunftsgeschützt, was bedeutet, dass Puy-Linsen nur aus der Le-Puy-Region in Südfrankreich kommen dürfen. Der Boden in diesem Gebiet ist vulkanisch, und die Linsen werden ohne künstlichen Dünger angebaut. Sie sind fester und etwas kleiner als „normale" grüne Linsen und dunkler in der Farbe mit einer hübschen blauen Marmorierung. Beim Kochen halten sie die Form. Gekocht mit Brühe, Zwiebeln, Möhren, Sellerie und etwas

Wein passen sie gut zu Fleisch, Wurst oder Fisch. Für sie gelten die gleichen grundlegenden Zubereitungsprinzipien wie für grüne Linsen.

ROTE LINSEN: Werden vor allem in der indischen Küche verwendet und sind bei Vegetariern beliebt. Sie haben ein eher flaches Aroma und brauchen Säure, Schärfe oder einen anderen Kick, um nicht allzu blass zu erscheinen. Aber wenn sie das bekommen, sind sie eine extrem dankbare Basis für Suppen und würzige Eintöpfe wie Currys. In Ermangelung eines eigenen Profils vertragen sie wirklich intensive Gewürze.

Ein großer Vorteil der roten Linsen ist, dass sie halbiert verkauft werden, die Schale wurde entfernt. Dadurch müssen sie vor der Zubereitung nicht eingeweicht werden und sind schneller gar. Rote Linsen müssen brauchen nicht mehr als 7–10 Minuten in siedendem Wasser.

WEISSE LINSEN: Weiße Linsen sind eigentlich schwarze Linsen, die geschält und dadurch halbiert wurden. Ihre Form ist länglich, ähnlich einem Arborio-Reiskorn, und die Konsistenz ist fest. Heutzutage gibt es sie in gut sortierten Asia-Supermärkten, aber ich finde, sie sollten viel häufiger eingesetzt werden, wenn man ihren enormen Nährstoffgehalt bedenkt und die Tatsache, dass sie als Alternative zu Reis, Couscous und Bulgur funktionieren. Weiße Linsen müssen nicht eingeweicht werden, jedoch sind sie extrem stärkehaltig und müssen gründlich abgespült und evtl. auch zu Beginn des Kochens abgeschäumt werden. Die Kochzeit beträgt ca. 45 Minuten.

TOFU, MISO UND SOJA

TOFU KAUFEN

In normalen Lebensmittelgeschäften gibt es Tofu meist an zwei Stellen: zum einen im Kühlregal, zum anderen im Regal mit den asiatischen Lebensmitteln. Erstgenannter ist frisch, letztgenannter für eine lange Haltbarkeit in Konserven verpackt. Ich ziehe den frischen vor. Alle Rezepte in diesem Buch können mit diesem „normalen" Tofu zubereitet werden. Manchmal wird diese Art des Tofus Baumwolltofu genannt, weil er traditionell in Baumwolltüchern ausgepresst wurde.

In Asia-Supermärkten gibt es meist mehr Auswahl, dort findet man zum Beispiel Seidentofu. Wie der Name andeutet, handelt es sich um eine weichere Variante. Seidentofu eignet sich gut für Gerichte, bei denen der Tofu leichtere Aromen aufnehmen soll. Agedashi-Tofu (siehe Seite 92) und der lauwarme Spinatsalat mit Sesam und Tofu (siehe Seite 114) sind Gerichte, bei denen Seidentofu vorzuziehen ist, wenn man ihn bekommt. Manchmal wird auch sehr weicher Tofu in Plastiktuben verkauft; dieser ist so weich, dass er sich nur schwer frittieren lässt. Doch in Eintöpfen wie dem mit Garnelen, Pilzen und Kimchi (siehe Seite 84) schmeckt er lecker. Probieren Sie ihn einmal pur, mit nur etwas Kimchi dazu, als Snack oder als einfache Vorspeise. Manchmal gibt es auch extra festen Tofu. Der ist eine gute Wahl, wenn man den Tofu schärfer anbraten möchte, weil er weniger Flüssigkeit enthält.

TOFU SELBST HERSTELLEN

Zum Thema Tofu gibt es extrem viel zu sagen, das wäre Stoff für ein eigenes Buch, doch auch in diesem hier spielt diese vielseitige Masse aus Sojabohnen eine wichtige Rolle. Tofu wird aus getrockneten Sojabohnen, Wasser und irgendeiner Form von Gerinnungsmittel hergestellt. In Japan verwendet man ein Salz, das Nigari genannt (Magnesiumchlorid) und aus Meerwasser gewonnen wird. In China wird hauptsächlich Gips (Kalziumsulfat) verwendet.

Nigari bekommt man manchmal im Reformhaus, aber immer, wenn ich es dort versucht habe, war es langfristig ausverkauft. Am Ende habe ich es über eBay in Japan bestellt. Leider funktionierte das Produkt, das ich bekam, nicht – mit der Sojamilch passierte gar nichts.

Kalziumsulfat erhält man in unseren Breitengraden vor allem in Form von Braugips in Geschäften mit Zutaten für das Brauen von Bier, wo es dafür verwendet wird, die Wasserhärte zu kontrollieren. Das Ergebnis meiner Versuche mit Braugips war genauso wertlos wie mit Nigari – es passierte nichts.

Ungeachtet meiner Misserfolge sind dies die beiden am weitesten verbreiteten Arten, Tofu herzustellen, probieren Sie es also aus. Die Methode, die ich für mich entwickelt habe, nach einer Vielzahl an Fehlversuchen, und die danach für mich problemlos funktioniert hat, ist der Einsatz von Weinessig oder Zitronensaft. Durch die Säure gerinnt die Sojamilch sofort. Der Tofu wird leicht körnig und ein kleines bisschen säuerlich. Aber es funktioniert! (siehe Seite 34)

MISO

Miso ist eine japanische Würzpaste aus Sojabohnen, die mithilfe von Salz, Wasser und dem Kōji-Schimmelpilz (Aspergillus oryzae) fermentiert werden. Zusammen mit Dashi, einer Brühe aus Tang und Bonitoflocken (siehe Seite 92) bildet Miso die Basis für Miso-Suppe. Es gibt viele verschiedene Sorten Miso mit variierenden Geschmacksprofilen, je nach Dauer der Fermentation und anderen Zutaten. Die üblichsten sind:

ROTES MISO: salzig und mit einem starken Umami-Effekt. Wird mit einem hohen Anteil Sojabohnen zubereitet und muss länger fermentieren, häufig bis zu ein Jahr lang. Ein Allrounder für alles außer für fein abgeschmeckte Gerichte, wo es leicht zu dominant wird.

WEISSES MISO: Shiro Miso auf Japanisch. Ein leichtes und süßes Miso mit verhältnismäßig wenig Sojabohnen. Die Hauptzutaten sind stattdessen Reis und Gerste. Lässt sich am besten für Miso-Suppen und Dressings verwenden.

BRAUNES MISO: Läuft unter dem Namen Mugi oder Inaka („ländliches") Miso. Lang gelagertes Miso mit dunkler rotbrauner Färbung. Enthält neben Sojabohnen auch Gerste, Weizen und/oder Reis. Der Geschmack variiert von grob bis fein, je nach Lagerungszeit und Sorte.

SOJASAUCE

Sojasauce wird aus den gleichen Grundzutaten wie Miso hergestellt. Sojabohnen, Salz, Wasser, irgendeine Form von geröstetem Getreide sowie Schimmelpilze aus der Aspergillus-Gattung. Die Sojasauce wurde zwischen dem 3. und 5. Jahrhundert in China erfunden, ursprünglich, um Salz zu strecken – einen zu dieser Zeit sehr kostbaren Rohstoff. Mit den Jahren wurden teilweise sehr verschiedene Methoden für die Herstellung von Sojasauce in der gesamten Region von Japan im Nordosten bis nach Indonesien im Süden und Burma im Westen entwickelt. Es gibt mit anderen Worten eine unglaubliche Vielfalt. Für dieses Buch begnügen wir uns damit, die Grenze zwischen heller und dunkler Sojasauce zu ziehen. Die helle ist salziger und hat ein klareres Aroma, die dunkle, die länger fermentieren durfte, ist süßer und schmeckt voller.

ANDERE GESCHMACKSTRÄGER
AUF BOHNENBASIS

Miso ist bei weitem nicht die einzige auf Bohnen basierende Paste in der asiatischen Küche. In der chinesischen Sichuan-Provinz wird vor allem Toban Jiang aus Ackerbohnen und/oder Sojabohnen, Reis, Salz und einer Würze in Form von Chilis verschiedener Schärfe hergestellt. Im Mapo Doufu (siehe Seite 76) zum Beispiel ist es die Chilischärfe aus dem Toban Jiang, die dem Gericht seinen charakteristischen Geschmack verleiht. In Korea gibt eine braune Würzpaste mit ähnlichem Namen (Doenjang) aus grob vermahlenen Sojabohnen, die mit einem Reisbakterium vergoren werden. Manchmal werden auch Weizen und Sardellen hinzugefügt, letztere, um den salzigen, würzigen Geschmack zusätzlich zu verstärken. Doenjang wird vor allem zum Würzen von Eintöpfen verwendet.

    Das koreanische Gochujang basiert auf roten Chilis, Reis, fermentierten Sojabohnen und Salz. Die zähe, pikante Würzpaste wird bei vielen Zubereitungen eingesetzt: als Basis für Eintöpfe, in Fleischmarinaden und pur im beliebten koreanischen Gericht Bibimbap.

Nützliche Hinweise

- 100 ml getrocknete Hülsenfrüchte entsprechen etwa 250 ml gekochtem Produkt.
- Gekochte Erbsen, Bohnen und Linsen kann man ausgezeichnet einfrieren. Das gilt auch für Falafelteig.
- Fügen Sie Salz und Säure am besten erst zum Ende der Kochzeit hinzu, um zu vermeiden, dass die Schale hart wird und sich die Kochzeit verlängert.
- 1 Prise Natron oder 1 TL Backpulver im Kochwasser beschleunigen den Kochprozess. Das fügen Sie gleich zu Anfang hinzu.

REZEPTE

GRUNDREZEPT SOJAMILCH UND/ODER TOFU

Wenn Sie Sojamilch selbst herstellen, wird die Zubereitung von Tofu einfacher. Die Milch, die man in den Geschäften kaufen kann, ist etwas zu dünn, um optimal zu funktionieren. Die Milch wird mehrfach aufgekocht, um den Geschmack der Sojabohnen zu neutralisieren. Ein großer Vorteil an selbst gemachter Sojamilch ist, dass man so auch die Restmasse aus gemahlen Sojabohnen erhält, die auf Japanisch Okara genannt wird. Diese proteinreiche Masse hat die gleiche Konsistenz wie feiner Couscous und kann als Füllung, zum Backen, in Salaten und in Dips verwendet werden.

ERGIBT CA. 5 L SOJAMILCH ODER EINEN BLOCK TOFU VON CA. 400 G SOWIE GUT 1 L OKARA.

500 g Sojabohnen
5 EL Apfelessig
Wasser

SO WIRD'S GEMACHT: Die Sojabohnen 10–12 Stunden einweichen. Das Wasser abgießen. Die Bohnen mit frischem Wasser zu einer glatten Masse pürieren. Gerade so viel Wasser verwenden, wie notwendig ist, damit der Mixer gut pürieren kann, etwa 800 ml sollten reichen.

In einem großen Topf oder zwei kleineren 4 l Wasser aufkochen. Die Sojamasse einrühren, wenn das Wasser kocht, und erneut aufkochen lassen (aufpassen, das Ganze kocht sehr leicht über). Danach vom Herd nehmen. 5 Minuten stehen lassen und anschließend ganz kurz aufkochen. Durch ein Seihtuch abgießen. Die gefilterte Flüssigkeit ist fertige Sojamilch, die Restmasse Okara. Auch diese sollten Sie aufheben! Das Seihtuch reinigen.

Für die Herstellung von Tofu die Sojamilch erneut 5 Minuten aufkochen. In einem weiteren Topf 5 EL Apfelessig und 600 ml Wasser erhitzen.

Die Sojamilch vom Herd nehmen und ein Drittel der Essig-Wasser-Mischung hineingießen. Mit ei-

Fortsetzung auf der nächsten Seite

nem Kochlöffel eine Runde im Uhrzeigersinn umrühren, dann den Löffel stillhalten, bis die Wirbel zur Ruhe gekommen sind. 5 Minuten warten. Danach die restliche Essig-Wasser-Mischung hineingießen und eine Runde gegen den Uhrzeigersinn umrühren. 15 Minuten stehen lassen. Jetzt sollte die Milch zu einer klumpigen Masse geronnen sein.

Das Seihtuch über einen Durchschlag legen. Mit einem Schöpflöffel die Klumpen vorsichtig auf das Tuch geben und abtropfen lassen. So viel Flüssigkeit wie möglich auswringen und auspressen, bevor das Tuch mit dem Tofu unter Druck mit einem schweren Gewicht für 30 Minuten in kaltes Wasser gelegt wird. Der fertige Tofu kann in Flüssigkeit schwimmend im Kühlschrank bis zu einer Woche aufbewahrt werden.

SCHNELLE VARIANTE FÜR SELBSTGEMACHTEN TOFU

CA. 300 G

2 l ungesüßte Sojamilch, so proteinreich wie möglich
150 ml Reisweinessig
150 ml Wasser

SO WIRD'S GEMACHT: Die Sojamilch unter Rühren aufkochen. Den Essig und das Wasser in einem weiteren Topf erhitzen. Wenn die Milch beinahe kocht (es bilden sich allmählich kleine Bläschen und man hört ein Siedegeräusch vom Topfboden aufsteigen), die Hitze auf niedrigste Stufe reduzieren, gründlich umrühren und zwei Drittel der Wasser-Essig-Mischung hineingießen. Vom Herd nehmen und 5 Minuten stehen lassen. Dann die Masse, die sich gebildet hat, in einen mit einem Seihtuch bedeckten Durchschlag füllen. Die übrige Flüssigkeit erneut umrühren und die restliche Wasser-Essig-Mischung in die Wirbel gießen. Einige Minuten ziehen lassen. Dann auch die Masse, die sich jetzt gebildet hat, herausnehmen. So viel Flüssigkeit wie möglich aus dem Tofu-Klumpen pressen und ihn 20 Minuten unter Druck zusammenpressen. Mit kaltem Wasser abspülen, damit sich das Tuch leichter lösen lässt. Der Tofu wird leicht krümelig und eignet sich am besten zum sofortigen Verzehr.

GEGRILLTE BOHNEN

Das hier ist eher kein Rezept, sondern ein Tipp. Gegrillte Bohnen sind extrem lecker! So wird's gemacht:

EDAMAME-BOHNEN: Die aufgetauten Hülsen in einer Schüssel mit etwas Speiseöl vermengen, bevor sie gegrillt werden. Achtung, sie sind so klein, dass sie in einem Grillkäfig oder -sieb liegen müssen. Die Bohnen grillen, bis die Schalen anfangen schwarz zu werden.

GARTENBOHNEN: Leicht gesalzenes Wasser aufkochen, die Bohnen nur kurz eintauchen (maximal 1 Minute) und anschließend in einen Durchschlag abschütten. Mit einigen Esslöffeln Olivenöl vermengen und grillen, bis sie Farbe bekommen haben.

ACKERBOHNEN: Die Hülsen ganz mindestens 5–6 Minuten bei nicht allzu hoher Temperatur grillen (die Bohnen brauchen eine Weile, bis sie gar sind). Die Schale darf leicht schwarz werden.

Wenn die Bohnen fertig gegrillt sind, sofort mit einem ordentlichen Spritzer gutem Oliven- oder Rapsöl, mit Salz und etwas Zitronensaft vermengen. Chiliflocken, schwarzer Pfeffer, Sichuan-Pfeffer oder andere Gewürze lassen sich auch verwenden – probieren Sie es aus. Zu Gartenbohnen empfehle ich auch die Sardellenvinaigrette auf Seite 72.

SPARGELBOHNEN MIT SICHUAN-PFEFFER UND INGWER

„Trocken gebratene" grüne Bohnen sind ein beliebtes Gericht in der Sichuan-Küche. Normalerweise werden die Bohnen frittiert, doch bei dieser Variante reicht es, sie bei hoher Temperatur zu braten. Spargelbohnen sind grüne Bohnen, etwa einen halben Meter lang, die Sie in Asia-Supermärkten finden. Sie haben einen ganz eigenen Geschmack, etwas herber und bitterer als Buschbohnen, lassen sich aber auch prima durch diese ersetzen, wenn Sie sie gerade zur Hand haben.

4 PORTIONEN ALS EINES VON 3–4 KLEINEREN GERICHTEN

400 g Spargelbohnen oder Buschbohnen
1 TL Sichuan-Pfefferkörner
1 ordentliche Prise Chiliflocken
1 TL Zucker
1 Prise Salz
1 EL Sesamöl
1 EL neutrales Öl
2 EL fein gehackter Ingwer
1 EL fein gehackter Knoblauch
evtl. Zitronen in Spalten zum Servieren

SO WIRD'S GEMACHT: Die Bohnen waschen und in 8–10 cm große Stücke schneiden. Trocken schütteln, am besten auch mit einem Küchenhandtuch abtrocknen. Sichuan-Pfeffer, Chiliflocken, Zucker und Salz im Mörser zerkleinern und die Gewürze dann mit dem Sesamöl vermischen.

In einer Pfanne, einem Wok oder einer Grillpfanne das neutrale Öl erhitzen und die Bohnen bei starker Hitze 4–5 Minuten braten, bis ihre Oberfläche beinahe angebrannt ist. Dann vom Herd nehmen und mit dem Sesam-Gewürz-Öl, dem Ingwer und dem Knoblauch unter Rühren vermengen. Wenn die Bohnen die Gewürze aufgenommen haben – das dauert nicht einmal 1 Minute – können die Bohnen serviert werden.

IN WEIN UND DIJONSENF GEDÄMPFTE GARTENBOHNEN

Gartenbohnen gibt es das ganze Jahr über frisch zu kaufen. Die Hülsen sind breit und flach, und der Geschmack erinnert sehr an Buschbohnen. Wie frische Buschbohnen enthalten die Hülsen von Gartenbohnen keine nennenswerten Bohnen, man isst die ganze Hülse.

4 PORTIONEN ALS EINE VON 2 BEILAGEN, 2 PORTIONEN ALS ALLEINIGE BEILAGE

400 g Gartenbohnen
150 ml trockener Weißwein
100 ml Wasser
Salz und frisch gemahlener weißer Pfeffer
25 g Butter
1 EL Weizenmehl
100 ml Schlagsahne
2 TL Dijonsenf
2 EL Estragon, fein gehackt
3 EL glatte Petersilie, fein gehackt

SO WIRD'S GEMACHT: Die Bohnen schräg in Stücke von 3–4 cm Länge schneiden. Einen größeren Topf oder eine Schmorpfanne erhitzen. Den Wein hineingießen, gründlich einreduzieren (das nimmt der Säure die Intensität) und das Wasser und eine Prise Salz hinzufügen. Die Bohnen zugedeckt 4 Minuten kochen. Abgießen, aber den Sud aufheben!

Die Butter schmelzen und das Mehl einrühren. Dann die Sahne und den Bohnensud, anschließend auch den Senf und den Estragon unterrühren. Einmal aufkochen, die Temperatur reduzieren und die Bohnen zugeben. Bei schwacher Hitze 5 Minuten köcheln lassen. Mit Salz und Pfeffer abschmecken, mit Petersilie bestreuen und servieren.

GRÜNES ERBSENPESTO

Sieht das ganze Jahr über aus wie Frühling. In keimfrischem Hellgrün, sättigend und gleichzeitig leicht ist dieses extrem schnell zubereitete Erbsenpesto.

4 PORTIONEN ALS EINE VON 2 BEILAGEN, 2 PORTIONEN ALS ALLEINIGE BEILAGE

400 g tiefgekühlte grüne
    Erbsen
30 g Pinienkerne
Saft und abgeriebene Schale
    von 1 unbehandelten Zitrone
2 Knoblauchzehen, gehackt
10 Basilikumblätter, in
    Streifen geschnitten
2 EL gutes Olivenöl
2 EL gutes Rapsöl
80 g geriebener Parmesan
Salz und frisch gemahlener
    schwarzer Pfeffer

SO WIRD'S GEMACHT: Die Erbsen nach Packungsanweisung kochen und anschließend unter kaltem Wasser abspülen. Die Pinienkerne, den Zitronenschalenabrieb, den Knoblauch und das Basilikum mit dem Öl im Mörser zerstoßen. Die Masse mit den Erbsen, dem Zitronensaft und dem Parmesan vermengen. Mit Salz und Pfeffer abschmecken. Passt gut zu Pasta oder zu gebratenem Fisch mit gekochten Kartoffeln. Auch lecker zu Fish 'n' Chips, als frischere Variante der britischen Mushy Peas (gekochte, mit Butter gestampfte grüne Erbsen). Für eine pikante Version verwenden Sie ein wenig Chili.

GEKÜHLTER SALAT AUS BOHNENSPROSSEN UND GURKEN

Es ist faszinierend, wie bestimmte Gerichte spielend leicht Farbe in einen kalten, grauen Tag bringen und gleichzeitig in der Lage sind, an einem heißen Tag für Abkühlung zu sorgen. Dieser Salat ist so ein Gericht. Er passt genauso gut zu pur gebratenem oder gegrilltem Fleisch wie zu intensiv gewürzten asiatischen Gerichten. Auch perfekt als ein Teil eines Bibimbap.

6 PORTIONEN

2 Gurken
Salz
350 g Bohnensprossen
3–4 Knoblauchzehen
1 ½ EL Fischsauce
2 EL Sesamöl
2 EL Reisweinessig
1 TL Chiliflocken

SO WIRD'S GEMACHT: Die Gurken in 10 cm lange Stücke und in feine Streifen schneiden. Mit 1 TL Salz vermischen und 10–15 Minuten zur Seite stellen. 1 l leicht gesalzenes Wasser aufkochen. Wenn es kocht, den Topf vom Herd nehmen und die Bohnensprossen hineinlegen. 5–10 Minuten stehen lassen. Den Knoblauch reiben oder hacken und mit Salz zerdrücken, dann mit der Fischsauce, dem Öl, dem Essig und den Chiliflocken verrühren. Die Gurken gründlich ausdrücken und die Sprossen in ein Sieb abgießen. Mit dem Dressing vermengen und vor dem Servieren mindestens 15 Minuten, besser noch bis zu 1 Stunde in den Kühlschrank stellen.

Gekühlter Salat aus Bohnensprossen und Gurke und lauwarmer Spinatsalat mit Sesam und Tofu (siehe Seite 114). Serviert in einem schnellen Bibimbap mit Sojabohnen, Reis und Spiegelei.

WEISSE SAFRANLINSEN MIT STERNANISZWIEBELN

Weiße Linsen sind eigentlich schwarze Linsen, die geschält wurden. Sie haben eine längliche Form und eine feste Konsistenz. In diesem Gericht dürfen die Linsen mit Tomaten für die Säure und Safran für Farbe und Geschmack kochen. Dann erhalten sie eine Haube aus karamellisierten Zwiebeln, Thaibasilikum und frischem Ingwer. Sie passen gut zu gegrilltem Fleisch, und dabei vor allem zu fetteren Stücken wie Nacken oder Entrecôte.

4 PORTIONEN

LINSEN
300 g weiße Linsen
500 ml Wasser
½ TL Salz
200 g Tomaten
1 Prise Safran

ZWIEBEL-KRÄUTER-HAUBE
2 normal große rote Zwiebeln
4 Sternanis
1 Prise Chiliflocken
50 ml neutrales Öl
Salz und reichlich frisch gemahlener schwarzer Pfeffer
1 Bund Thaibasilikum
2 EL Ingwer, in streichholzgroße Stifte geschnitten

SO WIRD'S GEMACHT: Die Linsen gründlich abspülen; sie sind mit Stärke bedeckt. Dann mit Wasser und Salz aufkochen. Mehrmals abschäumen. In einem anderen Topf die Tomaten überbrühen, damit sie gehäutet werden können. Mit den Kernen grob hacken. Die Tomaten und den Safran unter die Linsen rühren. Zugedeckt bei niedriger Hitze 20–30 Minuten kochen, bis nahezu sämtliche Flüssigkeit eingekocht ist.

Währenddessen die Zwiebeln halbieren und in nicht zu dünne Scheiben schneiden. Den Sternanis und die Chiliflocken im Mörser zerkleinern. In einer Pfanne das Öl erhitzen und die Zwiebeln, die Gewürze und eine Prise Salz bei mittlerer Hitze braten, bis die Zwiebeln goldbraun und karamellisiert sind. Das dauert 15–20 Minuten. Mit Salz und Pfeffer abschmecken. Die Blätter vom Thaibasilikum abzupfen. Die Zwiebeln und möglichst viel des Öls aus der Pfanne auf die Linsen geben. Mit Thaibasilikumblättern und Ingwer garnieren und servieren.

SCHWARZE BOHNEN MIT SPECK

Die englische Bezeichnung *Refried Beans,* wie dieser mexikanische Bohnendip häufig genannt wird, ist das Ergebnis einer Fehlübersetzung. Spanisch *frijoles refritos* bedeutet nicht zweimal gebratene Bohnen, sondern gut gebraten oder gut zubereitet. Die Zutaten sind simpel: Bohnen, Zwiebeln, Bohnensud vom Kochen und Fett. Traditionell wurde häufig Schmalz verwendet. Ich nehme Speck (nicht zuletzt deshalb, weil man ihn später dazu essen kann). In einer vegetarischen Variante könnte man etwas Rauchiges ergänzen, wie Chipotles oder gewürfelten geräucherten Feta.

2–4 PORTIONEN JE NACH ANZAHL DER BEILAGEN

1 Silberzwiebel
2 große oder 3 kleine Knoblauchzehen
250 g Speck
evtl. Olivenöl
2 Dosen schwarze Bohnen à 400 g, inklusive Flüssigkeit
Salz

SO WIRD'S GEMACHT: Die Zwiebel und den Knoblauch fein hacken. Den Speck ausbraten und auf Küchenpapier abtropfen lassen. Das Fett nicht abgießen! Danach die Zwiebeln und den Knoblauch in dem Fett bei niedriger Hitze anschwitzen. Evtl. müssen Sie noch etwas Olivenöl hinzufügen. Wenn die Zwiebeln glasig sind, die Bohnen mit der Flüssigkeit zugeben. Die Hitze erhöhen und die Bohnen aufkochen lassen. Anschließend mit einem Kartoffelstampfer, einer Gabel oder was Sie auch zur Hand haben zur gewünschten Konsistenz zerkleinern. Es sollte ein zähes Püree entstehen. Dann die Hitze wieder reduzieren und das Ganze einige Minuten köcheln lassen. Mit Salz abschmecken. Evtl. den Speck noch einmal kurz erhitzen.

DAZU PASST: frischer Koriander, Mais, Omelette oder Spiegeleier, Tortillas, Nachos, ein Tomaten-Zwiebel-Salat und/oder ein Dip aus Avocado, Limettensaft und Chili.

GRÜNE ERBSEN IN WEISSER SAUCE

„Grüne Erbsen in weißer Sauce" klingt wie eine Zeitreise in die Fünfzigerjahre, wie eben alle Kombinationen aus Gemüse und „weißer Sauce". Aber dieses Rezept ist alles andere als verstaubt. Süßliche grüne Bohnen in einer cremigen Käse-Sahne-Mehlschwitze mit frischen Kräutern und Zitrone. Sehr lecker zu Fisch (vor allem Räucherfisch), Wurst oder als superschnelle Nudelsauce.

4 PORTIONEN

MIT PARMESAN UND SALBEI
50 g Butter
4 EL Weizenmehl
200 ml Schlagsahne
300 ml Milch
80 g geriebener Parmesan
2 TL Salbei, fein gehackt
Saft und abgeriebene Schale
  von 1 unbehandelten Zitrone
Salz
500 g tiefgekühlte grüne Erbsen

MIT MUSKAT UND WÜRZIGEM KÄSE
50 g Butter
4 EL Weizenmehl
200 ml Schlagsahne
300 ml Milch
80 g würziger Hartkäse
4 Prisen weißer Pfeffer
2 Prisen Muskat
Salz
500 g tiefgekühlte grüne Erbsen

SO WIRD'S GEMACHT:
Die Butter schmelzen und das Mehl hineinrühren. Unter ständigem Rühren die Sahne hinzufügen, danach die Milch und den Käse zugeben. Mit Gewürzen je nach Vorliebe abschmecken. Wenn die Sauce kocht, die Erbsen unterrühren. Das Ganze erneut aufkochen lassen und servieren.

Grüne Erbsen in weißer Sauce, äthiopische rote Linsen (siehe Seite 50) und schwarze Bohnen mit Estragon (siehe Seite 51).

ÄTHIOPISCHE ROTE LINSEN

Berbere ist eine tief ziegelrote, in der äthiopischen Küche häufig verwendete Gewürzmischung. Für diese Mischung gilt das Gleiche wie für Curry: Es gibt keine genauen Regeln für die Zusammensetzung. Chili ist eigentlich immer drin, genauso wie Kardamom. Darüber hinaus werden Gewürze wie Ingwer, Piment, Bockshornklee, Muskat, Zwiebelpulver, Zimt, Gewürznelken, Paprikapulver usw. frei kombiniert. Sie können eine eigene Mischung herstellen oder eine fertige nehmen. Da die Schärfe variiert, ist es schwierig, eine exakte Menge anzugeben. Wie immer gilt: Nehmen Sie zunächst etwas weniger und erhöhen Sie die Menge dann nach und nach.

4 KLEINE PORTIONEN

2–3 Tomaten
1–2 rote Zwiebeln
4 Knoblauchzehen
25 g Butter
1–2 EL Berbere
75 g rote Linsen
200 ml Wasser
Salz

SO WIRD'S GEMACHT: Die Tomaten überbrühen, häuten und das Kerngehäuse entfernen. Das Fruchtfleisch grob hacken. Die roten Zwiebeln fein und den Knoblauch noch feiner hacken. Die Butter schmelzen und die roten Zwiebeln darin anschwitzen. Wenn die Zwiebeln glasig sind, Knoblauch und Berbere hinzufügen. Gründlich umrühren und dann die Tomaten zugeben. Einige Minuten köcheln lassen. Anschließend die Linsen und das Wasser hinzufügen und etwa 15 Minuten lang einkochen. Mit Salz abschmecken.

SCHWARZE BOHNEN MIT ESTRAGON

Björns Bar ist ein wunderbares Kellerrestaurant in Göteborg, wo ich einmal sehr leckere schwarze Bohnen mit Tintenfisch gegessen habe. „Estragon, Zwiebeln und massenhaft Butter" – mehr war der Kellnerin in Bezug auf die Zubereitung nicht zu entlocken. Kaum anders als eine Sauce Bernaise also. Dieses Rezept kommt meiner Erinnerung an dieses himmlische Gericht schon sehr nah und ist leicht zuzubereiten.

4 PORTIONEN

**500 g getrocknete
   schwarze Bohnen
2–3 Zwiebeln
2 Würfel Gemüse-
   oder Hühnerbrühe
1 Bund Estragon
75 g Butter
Salz**

SO WIRD'S GEMACHT: Die Bohnen 10–24 Stunden bei Zimmertemperatur einweichen.

Das Wasser abgießen. Die Zwiebeln schälen und halbieren. Die Bohnen, die Zwiebeln und die Brühwürfel in einen Topf geben. Die Bohnen mit Wasser bedecken, die Zwiebeln dürfen ruhig aus dem Wasser ragen. Aufkochen lassen und 1–2 Stunden köcheln lassen. Die Bohnen sind fertig, wenn sie sich bei einem Druck mit der Gabel wie feste, gekochte Kartoffeln anfühlen.

Die Zwiebeln herausnehmen und zur Seite stellen. Über einer Schüssel oder einem Topf die Bohnen abgießen, den Sud aufheben! Die Zwiebeln zu einem glatten Püree verarbeiten oder fein von Hand hacken. Den Estragon fein hacken, aber einige Blätter zum Garnieren aufbewahren. Die Butter in einem Topf schmelzen und das Zwiebelpüree, die Bohnen und den Estragon hineinrühren. Mit dem Bohnenwasser bis zur gewünschten Konsistenz angießen, ich mag es gerne leicht sämig. Mit Salz abschmecken und mit ein paar Estragonblättern bestreuen.

Am besten mit schnell eingelegten roten Zwiebeln (siehe Seite 74), gebratenem oder frittiertem Fisch und einem Klecks Crème fraîche servieren.

FALAFEL

Falafel werden traditionell aus Kichererbsen oder Ackerbohnen zubereitet. Gelbe Erbsen schmecken etwas mehliger, haben aber eine hübsche Farbe und eignen sich auch sonst gut. Das Schwierige an der Falafel-Zubereitung ist die Konsistenz. Sie darf nicht zu fest sein. Denn sonst werden die Bällchen zwar hübsch, schmecken aber, als würde man auf Pappe beißen. Ideal ist ein Teig, der sich an der Oberfläche nass anfühlt. Traditionell werden Falafel aus eingeweichten Erbsen oder Bohnen zubereitet, und so werden sie meiner Meinung nach auch am besten: innen schön saftig und außen knusprig. Doch wenn Sie es eilig haben, können Sie sich auf verschiedene Art behelfen. Sie können die Kichererbsen aufkochen und dann 60 Minuten im Kochwasser stehen und abkühlen lassen. Danach verfahren Sie weiter wie unten angegeben. Das Ergebnis wird schön knusprig. Eine weitere Alternative ist, vorgekochte Kichererbsen zu verwenden. Das Rezept auf der nächsten Doppelseite entspricht ungefähr 4 Dosen à 400 g (oder 900 g vorgekochte Kichererbsen). Da die Dosenerbsen jedoch ziemlich wasserhaltig sind, muss man Mehl als Bindemittel hinzufügen. 1 gehäufter TL pro 75 g Kichererbsen reicht aus, also knapp 60 g für das folgende Rezept. Das Ergebnis wird cremig mit einer glatten Oberfläche.

P.S.: Sehr lecker finde ich es übrigens – auch wenn es vom traditionellen Rezept abweicht –, wenn man ein paar Gramm gehackte Nüsse unter den Teig mischt. Pistazien, Mandeln oder Walnüsse eignen sich gut.

Fortsetzung auf Seite 54

Falafel, unwiderstehlicher Hummus (siehe Seite 55) und ganze Kichererbsen mit Hummus und Tahini (siehe Seite 56).

CA. 30 FALAFEL

**500 g getrocknete Kichererb-
sen, Ackerbohnen oder gelbe
Erbsen***
**4 Frühlingszwiebeln, grüner
und weißer Teil**
2 EL fein gehackter Knoblauch
20 g glatte Petersilie
10 g Koriander
8 g Minze
evtl. 50–100 g Nüsse nach Wahl
1 EL Kreuzkümmel
1 TL Salz
ein paar Prisen Cayennepfeffer
**frisch gemahlener schwarzer
Pfeffer**
**evtl. 100–150 ml Flüssigkeit,
Zitronensaft oder Wasser**
neutrales Öl zum Frittieren

** Auf der vorherigen Doppelseite
finden Sie Anweisungen, wie
Sie gekochte Zutaten aus der
Dose verarbeiten.*

SO WIRD'S GEMACHT: Die Erbsen oder Bohnen einweichen, mindestens 8 Stunden, gerne auch länger, wenn
die Zeit es zulässt, bis zu 24 Stunden. Das Wasser abgießen. Wenn Sie Ackerbohnen verwenden, müssen diese
auch geschält werden. Die Frühlingszwiebeln, den Knoblauch, die Kräuter und gegebenenfalls die Nüsse hacken.
In einer Küchenmaschine oder mit einem Pürierstab
alles mit den Gewürzen pürieren. Ist die Masse so kom-
pakt, dass der Mixer Schwierigkeiten hat zu arbeiten,
etwas Wasser oder Zitronensaft angießen, bis sie sich
leichter bearbeiten lässt. Mit Salz abschmecken.

Tischtennisballgroße Bällchen oder mithilfe von zwei
Esslöffeln Nocken formen. Das Öl zum Frittieren auf
180 °C erhitzen. Die Falafel 4–5 Minuten in mehreren
Portionen goldgelb frittieren. Auf einem mit Küchenpapier abgedeckten Rost abtropfen lassen.

UNWIDERSTEHLICHER HUMMUS

Es lohnt sich, Kichererbsen für Hummus selbst einzuweichen und zu kochen. Es sind nur wenige Arbeitsschritte, aber man schmeckt deutlich den Unterschied gegenüber der Dosenvariante, der Hummus wird einfach nicht so lecker. Probieren Sie es mindestens einmal aus!

GUT 1 L FERTIGER HUMMUS

600 g gekochte Kichererbsen (das entspricht 225 g getrockneten oder 2 Dosen à 400 g)
Kochsud/Dosenflüssigkeit
150 ml Tahini
Saft von 2 Zitronen
3 Knoblauchzehen
1 ½ TL gemahlener Kreuzkümmel
1 knapper TL Salz
gutes Olivenöl
glatte Petersilie, gehackt

SO WIRD'S GEMACHT: Die Kichererbsen über Nacht oder für mindestens 6 Stunden in 2–3 l Wasser einweichen. Das Wasser wechseln, aufkochen und köcheln lassen, bis sich die Kichererbsen mit einer Gabel leicht zerdrücken lassen. Das dauert etwa 90 Minuten. Das Kochwasser abgießen, davon 500 ml aufbewahren, um den Hummus zu verdünnen. Bei Dosen-Kichererbsen heben Sie die Flüssigkeit aus der Dose auf.

Die Tahini, die Kichererbsen, den Zitronensaft, den ausgepressten Knoblauch, den Kreuzkümmel und das Salz mischen. Pürieren und dann mit dem Kochwasser oder der Dosenflüssigkeit nach und nach verdünnen. Nehmen Sie zunächst ein paar hundert Milliliter, dann nur noch kleinere Mengen bis zur gewünschten Konsistenz. Nach einiger Zeit setzt sich der Hummus ab. Was man hier erreichen will, ist eine ziemlich glatte, leicht dünnflüssige Konsistenz, vergleichbar eher mit Dickmilch als mit türkischem Joghurt. Zum Servieren mit etwas Olivenöl beträufeln und mit Petersilie bestreuen.

GANZE KICHERERBSEN MIT HUMMUS UND TAHINI

Msabbaha, oder *Masabacha, msabecha, musabbaha* – je nachdem, wer es buchstabiert –, ist eine Hummusvariante, deren arabischer Name مسبحة „schwimmen" bedeutet. Was hier schwimmt, sind die Kichererbsen, die beim Kochen beinahe zerfallen und dampfend heiß in einem milden See aus Hummus, Tahini und Olivenöl serviert werden. Eine Art dekonstruierter Hummus, wenn man so will, bei der das Sesamaroma aus der Tahini-Sauce größeren Raum einnimmt als in der glatt pürieren Variante.

2 PORTIONEN ALS GRÖSSERER TEIL EINER MAHLZEIT, 4 PORTIONEN ALS EINE VON MEHREREN BEILAGEN

TAHINI-SAUCE
100 ml Tahini
100 ml Wasser
Saft von 1 Zitrone
1 Prise Salz

250 ml Tahini-Sauce (siehe oben)
100 ml Hummus, siehe Seite 55
375 g gekochte Kichererbsen
Salz
gutes Olivenöl
1 Prise Chiliflocken oder etwas fein gehackter frischer roter Chili
1 Msp. Paprikapulver
2 EL Knoblauchscheiben, hauchdünn aufgeschnitten
5 g glatte Petersilie, gehackt

SO WIRD'S GEMACHT: Die Zutaten für die Tahini-Sauce verrühren, das geht am einfachsten, wenn man immer nur wenig Wasser auf einmal nimmt. Am Schluss den Zitronensaft hineinpressen und das Ganze mit Salz abschmecken. Die Sauce mit dem Hummus vermischen.

Die Kichererbsen kochen, bis sie sehr weich sind. Hier eignen sich Dosen-Kichererbsen sehr gut; diese dann nur mit 100 ml Wasser erhitzen. Das Wasser abgießen und die Kichererbsen salzen. Dann unter die Hummus-Tahini-Sauce heben. Frisches Olivenöl darübergießen und zum Schluss mit Chili, Paprikapulver, Knoblauch und Petersilie bestreuen.

Ein helles, kräftiges Brot, salzige türkische Pickles, geröstete Pinienkerne, hart gekochte Eier, eine würzige Lammwurst und Kalamata-Oliven passen gut dazu.

FASOLAKIA – GRIECHISCHE BRECHBOHNEN MIT TOMATEN

Eine beliebte griechische Buffetzutat, die häufig kalt serviert wird. Mir schmecken Fasolakia am besten lauwarm. Auch solo serviert, als einfaches, aber würziges Mittagessen mit etwas zerbröseltem Feta, Oliven und einem Stück Brot, schmecken Fasolakia toll.

4 PORTIONEN ALS BEILAGE, 2 PORTIONEN ALS HAUPTGERICHT

1 große oder 2 kleine Zwiebeln
4 Knoblauchzehen
50–100 ml Olivenöl
Salz und frisch gemahlener schwarzer Pfeffer
500 g Tomaten
1–2 TL Honig
2 TL Weißweinessig
500 g Buschbohnen/ Brechbohnen

SO WIRD'S GEMACHT: Die Zwiebeln und den Knoblauch fein hacken. Das Olivenöl in einem Topf mit dickem Boden erhitzen, darin die Zwiebeln und den Knoblauch bei sehr geringer Hitze 15–20 Minuten garen.

In einem anderen Topf leicht gesalzenes Wasser aufkochen, die Tomaten einschneiden. Kurz überbrühen, häuten und die Kerngehäuse entfernen. Das Fruchtfleisch hacken. Mit den Zwiebeln, dem Knoblauch, dem Honig, dem Essig und ein paar Prisen Salz verrühren. Dann auch die Bohnen unterrühren. Sie müssen nicht blanchiert werden, sondern werden im Eintopf gegart. Zudecken und bei niedriger Hitze mindestens 60, besser noch 80 Minuten köcheln lassen.

Den Eintopf dann zur Seite stellen, sodass er noch gerade lauwarm ist, wenn er serviert werden soll.

KRÄUTEROMELETTE MIT ACKERBOHNEN UND WALNÜSSEN

Kookoo (oder *kuku*) *sabzi* ist ein persisches Kräutersoufflee, das als Grundlage für diese im Ofen zubereitete Kräuteromelette mit frischen Ackerbohnen dient. *Kookoo sabzi* enthält Mehl und Backpulver, doch in dieser Variante müssen die Eier die ganze Arbeit verrichten. Die getrockneten Berberitzenbeeren sind säuerlich. Wenn Sie diese nicht bekommen, ersetzen Sie sie durch Preiselbeeren, Moosbeeren oder getrocknete Granatapfelkerne. Geheimtipp: Stellen Sie beim Vorheizen des Backofens eine Form mit Tomaten in den Ofen, die passen gut dazu.

4 PORTIONEN

5 g Koriander, fein gehackt
5 g Minze, fein gehackt
10 g Dill, fein gehackt
10 g glatte Petersilie, fein gehackt
1 EL grüner Chili, fein gehackt
1 Knoblauchzehe, fein gehackt
300 g tiefgekühlte Ackerbohnen oder 1 kg frische in Hülsen
8 Eier
½ TL Salz
frisch gemahlener schwarzer Pfeffer
50 ml Olivenöl

SO WIRD'S GEMACHT: Den Ofen auf 175 °C vorheizen. Alle Zutaten, die gehackt werden müssen, hacken und mischen. Die Bohnen zubereiten. Sind sie tiefgekühlt, reicht es meist, sie in leicht gesalzenem Wasser aufzukochen und dann abzugießen. Einige Hersteller verarbeiten in ihren Tiefkühlprodukten jedoch ältere, etwas festere Bohnen, die evtl. vor der Zubereitung geschält werden müssen. Frische Bohnen werden 3–7 Minuten gekocht, je nachdem, wie zart sie sind, bevor sie evtl. geschält werden. Die Eier mit dem Salz verquirlen und ein wenig Pfeffer aus der Mühle dazugeben. Alles verrühren. Das Olivenöl in einer ofenfesten Pfanne erhitzen, alternativ eine Form einölen und den Omletteteig hineingießen. Auf mittlerer Schiene im Ofen etwa 20 Minuten backen. Nach 15 Minuten kontrollieren.

ZUM SERVIEREN
gutes Olivenöl
110 g grob gehackte Walnüsse
10 g gemischte frische Kräuter
1 Handvoll getrocknete
  Berberitzenbeeren, Preisel-
  beeren, Moosbeeren oder
  Granatapfelkerne

Mit gutem Olivenöl beträufeln und mit Wal-nüssen, Kräutern und Beeren bestreuen. Servieren! Salzige Pickles, dickflüssiger Joghurt oder Feta und – wie gesagt – im Ofen gebackene Tomaten passen gut dazu.

SCHNELLE WEISSE BOHNEN IN TOMATENSAUCE

Eine Variante von weißen Bohnen in Tomatensauce, die dank der im Ofen gerösteten Tomaten wunderbar süß und aromatisch wird. Noch dazu ist der Arbeitseinsatz im Prinzip gleich Null. Kochen Sie währenddessen Kaffee, braten Sie Eier, schneiden Sie das Brot und servieren Sie das Ganze dann als besonderes Wochenend-frühstück.

4 PORTIONEN

500 g Tomaten
Olivenöl
Salz
2 Dosen-Cannellini-Bohnen
  à 400 g
2 TL Weißweinessig

ZUM ABSCHMECKEN
Tabasco, scharfe Chipotle-Chili-
  sauce, frische oder getrock-
  nete Kräuter, schwarzer
  Pfeffer, Worcestershire-
  sauce, Chiliflocken

SO WIRD'S GEMACHT: Den Ofen auf 175 °C vorheizen. Die Tomaten klein schneiden, in eine feuerfeste Form geben und mit reichlich Olivenöl beträufeln. Salzen. 30 Minuten im Ofen garen und dann pürieren.
Die Bohnen abgießen und mit Wasser abspülen. Mit dem Tomatenpüree und dem Essig in einem Topf mischen. Aufkochen und dann einige Minuten köcheln lassen. Mit Salz und Gewürzen nach Geschmack aromatisieren.

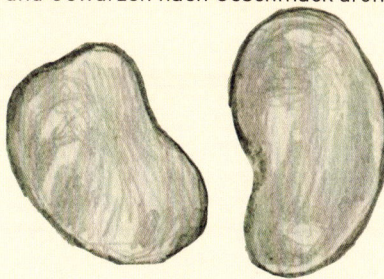

SÜSSSAURER HÜHNCHEN-SALAT MIT DRACHENBOHNEN UND KAISERSCHOTEN

Das gekochte Huhn wird in einem vietnamesisch betonten Dressing mariniert, in dem Limette, Chili und Zitronengras die Hauptrolle spielen, und dann mit knusprigen Drachenbohnen, noch knusprigeren Zuckerschoten, Wassermelone, Gurke und gesalzenen Erdnüssen serviert. Drachenbohnen gibt es in gut sortierten Asia-Supermärkten. Sie können sie aber auch durch die entsprechende Menge Kaiserschoten oder Zuckerschoten ersetzen.

4 PORTIONEN

HUHN
1 Huhn à ca. 1 ½ kg,
alternativ 1 kg Filets
1 TL Salz
1 TL ganze schwarzer
Pfefferkörner
1 rote Chilischote, der
Länge nach halbiert
2 Zwiebeln, halbiert
2 EL Knoblauch, grob gehackt
2 Stängel Zitronengras,
zerdrückt und grob gehackt
4 EL Ingwer, grob klein
geschnitten
Wasser, bis das Huhn gerade
bedeckt ist

SO WIRD'S GEMACHT: Wenn Sie ein ganzes Huhn verarbeiten: Alle Zutaten gleichzeitig aufkochen und zugedeckt bei schwacher Hitze kochen, bis die Kerntemperatur des Huhns am Knochen 75 °C beträgt. Dies nach 30 Minuten kontrollieren. Wenn das Huhn gar ist, herausnehmen und abkühlen lassen, bis sich das Fleisch ablösen lässt. Das Fleisch in Streifen rupfen. Die Brühe abseihen, zurück in den Topf gießen und das Hühnergerippe hineinlegen. Ohne Deckel 60 Minuten einkochen lassen. Erneut abseihen. Die Brühe passt wunderbar zum Beispiel zu Nudelsuppe. (Wenn Sie das Fett entfernen möchten, die Brühe kaltstellen, dann wird es an der Oberfläche fest und lässt sich einfach abschöpfen.)

Wenn Sie Hühnerfilets verarbeiten: Alle Zutaten bis auf das Huhn aufkochen und 5–10 Minuten einkochen lassen. Danach das Hühnerfleisch hineinlegen und siedend garziehen lassen. Nach 7 Minuten kontrollieren. Dann das Fleisch in Stücke zerrupfen.

DRESSING
6 EL Zitronengras, in Stücken
2 EL Knoblauch, gehackt
2 EL roter Chili, gehackt
2 EL Zucker
200 ml Limettensaft
50 ml Fischsauce

ÜBRIGE SALATZUTATEN
1 große Gurke
600 g Wassermelone
300 g Frühlingszwiebeln
150 g Drachenbohnen
300 g Kaiserschoten
75 g Erdnüsse, grob gehackt
½ Bund Koriander
1 Bund Thaibasilikum

Das Dressing zubereiten: Alle festen Zutaten mit dem Zucker im Mörser zerkleinern. Mit dem Limettensaft und der Fischsauce vermischen. Dann mit dem Hühnerfleisch vermengen. Ziehen lassen.

Die Gurke schälen und der Länge nach halbieren, entkernen und in Stücke schneiden. Die Melone am besten in recht große Stücke schneiden. Die Frühlingszwiebeln in Röllchen schneiden. Die Drachenbohnen schräg in ca. 3 cm große Stücke schneiden und dann kurz zusammen mit den Kaiserschoten, die gerne ganz bleiben dürfen, in leicht gesalzenem Wasser oder in etwas Hühnerbrühe blanchieren. Dann die Bohnen und das Fleisch mischen. Kurz abkühlen lassen.

Währenddessen die Erdnüsse hacken oder im Mörser zerkleinern und die Kräuterblätter abzupfen. Die Melone, die Gurke, die Zwiebeln, das Huhn und die Bohnen in einer flachen Schüssel vermengen. Mit den Erdnüssen und den Kräutern bestreuen.

INDISCHE SPINATLINSEN MIT PANIR

Ein sehr lohnendes und erstaunlich leicht zubereitetes indisches Linsengericht. Panir selbst herzustellen ist unglaublich einfach. Eigentlich brauchen Sie nur Milch, Zitrone und Salz sowie eine Pfanne mit Antihaftbeschichtung. Das Risiko, dass die Milch anbrennt, würde Ihnen sonst so viel Stress bereiten, als würden Sie mit einem Zug der schwedischen Bahn zu einer wichtigen Besprechung fahren wollen.

4 PORTIONEN

200 g Zwiebeln, fein gehackt
1 EL Knoblauch, fein gehackt
50 g frischer Ingwer, fein gehackt
4 grüne Chilis, fein gehackt
2 EL Koriander, fein gehackt
75 g Butter
300 g Tomaten
1 TL gemahlener Kreuzkümmel
1 TL gemahlene Koriandersamen
2 TL Garam Masala
½ TL gemahlener Kardamom
2 TL gemahlene gelbe Senfsamen
2 TL getrocknete Curryblätter,
   im Mörser zerstoßen
1 TL Salz
225 g getrocknete rote Linsen
400 ml Kokosmilch
300 ml Wasser
neutrales Öl zum Braten
evtl. ½ TL Kardamomsamen
200 g Blattspinat, frisch oder
   tiefgekühlt

SO WIRD'S GEMACHT: Alle Zutaten, die gehackt werden müssen, hacken. Die Butter in einer Schmorpfanne oder Bratpfanne mit Deckel schmelzen. Wenn sie spritzt, die Zwiebeln einrühren. Bei niedriger Hitze anschwitzen.

Für die Tomaten in einen Topf Wasser aufkochen (man kann auch gehackte Tomaten aus der Dose verwenden). Die Tomaten überbrühen, häuten und grob mit Kernen hacken. Den Knoblauch, die Chilis, den Ingwer und den frischen Koriander zu den Zwiebeln geben, danach die trockenen Gewürze und zuletzt die Tomaten. Ein paar Minuten lang braten, bevor Sie die Linsen, die Kokosmilch und das Wasser hinzufügen. Aufkochen und etwa 30 Minuten zugedeckt köcheln lassen.

Panir: In einem Topf oder in einer breiten Pfanne unter Rühren die Milch erhitzen. Wenn sie aufkocht, vom Herd nehmen und das Salz und den Zitronensaft einrühren. Ca. 10 Minuten stehen lassen. Danach die Käsemasse in ein sauberes Küchenhandtuch fühlen, das Sie

PANIR
2 l Milch, am besten nicht
   homogenisiert, sonst so
   fett wie möglich
2 TL Salz
100 ml Zitronensaft
alternativ 400 g fester Tofu

ZUM SERVIEREN
rote Zwiebeln in dünnen
   Scheiben
Ingwer, in streichholzgroße
   Stifte geschnitten
frischer Koriander

in einen Durchschlag gelegt haben. Das Handtuch über dem Käse zusammenschlagen und mit einem Gewicht beschweren. Ca. 15 Minuten stehen lassen. Jetzt kann der Panir in Stücke geschnitten werden, die dann in Öl goldgelb gebraten werden. Tipp: Für ein besonderes Aroma braten Sie einige grobe zerstoßene Kardamomsamen zusammen mit dem Käse an.

Den Spinat mit dem Linseneintopf mischen, das Ganze aufkochen lassen und mit Salz abschmecken. Dann den gebratenen Käse zugeben, mit dünn aufgeschnittenen roten Zwiebeln, Ingwerstiften und ein paar Korianderzweigen garnieren.

EINE RICHTIG GELBE ERBSEN-MAIS-SUPPE

Sehr leckere Erbsensuppe, die Starthilfe durch Orange, Limette und Mais erhält. Gleichzeitig süß und deftig.

4 PORTIONEN

500 g getrocknete gelbe Erbsen
2 ½ l Wasser
2 Orangen, gewaschen und halbiert
2 Zwiebeln, geschält und halbiert
3 Knoblauchzehen
2 Gemüsebrühwürfel
1 EL gelbe Senfsamen
2 EL Kreuzkümmel
2 EL Koriandersamen
neutrales Öl
50 g Schalotten, fein gehackt, alternativ Zwiebeln
2 EL Ingwer, fein gehackt
300 g Mais
2 Prisen Salz
frisch gemahlener schwarzer Pfeffer
Saft von ½–1 Limette
1 Bund Koriander

SO WIRD'S GEMACHT: Die Erbsen mindestens 12 Stunden vorher einweichen. Anschließend mit dem Wasser, den Orangen, den Zwiebeln und den leicht zerdrückten Knoblauchzehen aufkochen. Mindestens 60 Minuten kochen lassen, wahrscheinlich dauert es eher 90 Minuten, bis die Erbsen gar sind (probieren Sie eine).

Dann die Orange, die Zwiebel und den Knoblauch aus den Topf nehmen, die Gemüsebrühwürfel hinzufügen und auflösen. In einer Pfanne die Senfsamen, den Kreuzkümmel und die Koriandersamen erhitzen, bis die Senfsamen springen. Die Gewürze im Mörser zerstoßen. In einer anderen Pfanne einen reichlichen Schuss Öl erhitzen und die Schalotten und den Ingwer darin anschwitzen. Den Mais und die Gewürze hinzufügen und ein paar Minuten mitbraten. Währenddessen die Erbsen im Topf mit einem Kartoffelstampfer oder einem Kochlöffel zerdrücken (oder die Hälfte mit einem Stabmixer pürieren), sodass die Suppe gebunden wird. Die Maismischung in die Suppe geben. Salzen, pfeffern und den Limettensaft hineinpressen. Jetzt etwa 10 g fein gehackten Koriander unterheben, auch die Stiele lassen sich verwenden. Das Ganze aufkochen und 5–10 Minuten köcheln lassen. Mit fein gehackten Korianderblättern und etwas Limettensaft servieren.

MISOSPARGEL MIT TOFU UND RADIESCHEN

So geht Fusion-Food! Ein schwedisch-japanisches sämiges Nudelgericht, bei dem süßes helles Miso, rauchige Dashi-Bouillon, knusprig gebratener Tofu und Eiernudeln auf Radieschen und Spargel treffen – in einer Kombination, die den Gaumen verwöhnt.

4 PORTIONEN

400 g fester Tofu
1 ½ TL Rauchsalz
300 g Radieschen
200 ml neutrales Öl zum
    Braten
500 g frischer grüner
    Spargel
50 g Butter
100 ml helles Miso
400 g Eiernudeln
1 l Dashi-Bouillon
50 g Schnittlauch oder
    Bärlauch

DASHI-BOUILLON

15 g Kombu
15 g Katsuobushi
    (Bonitoflocken)
1 l Wasser
zur Zubereitung siehe
    Seite 92 (wird auch für
    Agedashi-Tofu benötigt)

SO WIRD'S GEMACHT: Aus dem Tofu so viel Flüssigkeit wie möglich auspressen, zum Beispiel mit den Händen und mithilfe eines sauberen Küchenhandtuchs oder guten Küchenpapiers. Dann in daumengroße Stücke brechen. Mit Rauchsalz würzen und zur Seite stellen.

Die Dashi-Bouillon zubereiten. Erscheint Ihnen das zu kompliziert oder möchten Sie vegan essen, verwenden Sie stattdessen Gemüsebrühe und einige Tropfen flüssigen Rauch (auch als *Liquid Smoke* bekannt).

Die Radieschen vierteln und mit kaltem Wasser in eine Schüssel geben. In einer Pfanne das Öl erhitzen, den Tofu bei starker Hitze braten, bis er goldgelb und knusprig ist, beinahe frittiert. Das dauert etwa 10 Minuten. Die Stücke auf Küchenpapier abtropfen lassen.

Die unteren, holzigen Teile des Spargels abschneiden und den Rest schräg in Scheiben von etwa einem halben Zentimeter schneiden. In einer flachen Pfanne die Butter erhitzen, das Miso hineinrühren und den Spargel braten. In leicht gesalzenem Wasser die Nudeln beinahe garkochen. Dann zum Spargel geben, mit Dashi-Bouillon aufgießen und aufkochen lassen. Zum Schluss fein gehackten Schnittlauch/Bärlauch unterrühren und das Ganze mit Tofustücken und Radieschen bestreuen.

GELBE ERBSENSUPPE MIT GEBACKENEM KNOLLENSELLERIE UND LAUCH

Eine vegetarische Variante des berühmtesten schwedischen Suppenklassikers. Knollensellerie und Lauch kommen in den Ofen, bevor sie in der Suppe landen, und bringen daher ein wunderbar süßes und volles Aroma mit. Hier habe ich keine Kräuter verarbeitet, weil ich finde, dass sie häufig zu dominant werden. Aber wenn Sie möchten, fügen Sie gerne ein wenig Majoran, Oregano oder Thymian hinzu. Gibt es Pfannkuchen zum Nachtisch, reicht das Rezept ganz sicher für bis zu 6 Personen.

4 PORTIONEN

500 g getrocknete gelbe Erbsen
2 l Hühner- oder Gemüsebrühe
1 kg Knollensellerie
Butter
2 Stangen Lauch
2 EL Dijonsenf
Salz

ZUM SERVIEREN
frisch geriebener Meerrettich
Schmand

SO WIRD'S GEMACHT: Tagsüber oder über Nacht (bis zu 24 Stunden lang) die Erbsen einweichen. Das Wasser abgießen und die Erbsen mit Brühe oder Wasser aufkochen. Wenn Sie Brühwürfel oder Fond mit hohem Salzgehalt verwenden (in der Zutatenliste nachsehen; steht Salz an erster Stelle, ist die Brühe sehr salzig), fügen Sie sie erst später hinzu, denn das Salz verlängert die Kochzeit.
Den Ofen auf 200 °C vorheizen. Den Knollensellerie schälen und in zuckerwürfelgroße Stücke schneiden. In einer feuerfesten Form einen ordentlichen Klecks Butter schmelzen und den Sellerie darin wenden. Salzen und wieder in den Ofen stellen.
Die Lauchstangen der Länge nach halbieren und waschen. Eine weitere feuerfeste Form einölen oder

fetten. Den Lauch mit der Schnittseite nach unten in die Form legen und zusammen mit dem Knollensellerie in den Ofen geben. Der Lauch ist nach etwa 20 Minuten gar, der Knollensellerie kann ein paar Minuten mehr vertragen. Die äußere, angebrannte Schicht des Lauchs abziehen (die kann man später zerkleinert über die fertige Suppe streuen) und das weiche Innere pürieren. Das Püree in die Suppe geben, es bindet die Suppe und würzt sie gleichzeitig.

Jetzt sollten Sie die Brühwürfel oder den Fond hinzufügen, falls Sie die Erbsen nicht direkt zu Beginn in Brühe gekocht haben. Die Suppe köcheln lassen, bis die Erbsen gar sind, das dauert weitere 30–60 Minuten. Evtl. mit etwas mehr Wasser verdünnen. Den Dijonsenf einrühren und dann den im Ofen gebackenen Knollensellerie untermischen. Abschmecken, vielleicht ist etwas mehr Salz nötig. Mit Meerrettich, Schmand, etwas Senf und den Lauchbröseln (siehe oben) servieren.

SCHNELL EINGELEGTE ZUCKERSCHOTEN

Zuckerschoten lassen sich sehr gut einlegen. Sie bleiben knackig und elastisch, gleichzeitig nehmen sie viel des süßsauren Suds auf. Dieses schnelle Rezept zum Einlegen im Sud lässt sich hervorragend auch mit anderen Gemüsesorten kombinieren, z. B. eine Hälfte dünn geschnittene Möhren oder dünne Gurkenscheiben.

4 PORTIONEN

250 g Zuckerschoten
90 g Zucker
225 ml Wasser
25 ml Essigessenz
2 EL Petersilie, fein gehackt

SO WIRD'S GEMACHT: Die Zuckerschoten leicht schräg in Streifen schneiden, etwas dicker als Streichhölzer. Den Zucker, das Wasser und die Essigessenz aufkochen, bis sich der Zucker aufgelöst hat. Den Sud über die Zuckerschoten gießen, mit Petersilie bestreuen und abkühlen lassen. Schmeckt toll zum Beispiel zu gebratenem Fisch und gekochten Kartoffeln.

PASTA E FAGIOLI

Sehr kräftige Bohnen- und Nudelsuppe, die ich zum ersten Mal im Ristorante alla Madonna in Venedig aß (Geheimtipp: Ambiente und Preisleistungsverhältnis in einer für Venedig einzigartigen Kombination), wo sie – mit Ausnahme der Pasta – passiert serviert wurde. Man kann sie so zubereiten, man kann sich aber auch damit zufrieden geben, nur einen Teil zu pürieren, damit man etwas mehr zum Kauen hat.

4 PORTIONEN

2 Zwiebeln
4 Stangen Sellerie
2 Möhren
200 g Pancetta
Olivenöl zum Braten
750 g frische Tomaten oder
   1 Dose passierte (400 g)
300 ml trockener Weißwein
1 TL getrockneter Rosmarin
1 TL getrockneter Thymian
1–1 ½ l Hühnerbrühe
225 g eingeweichte ge-
   trocknete Pinto- oder
   Borlotti-Bohnen
   (alternativ 2 Dosen
   à 400 g)
200 g trockene Pasta

SO WIRD'S GEMACHT: Die Zwiebeln, den Sellerie, die Möhren und den Pancetta in gleich große Stücke schneiden. In einem Topf etwas Öl erhitzen. Das Gemüse bei niedriger Hitze braten, bis die Zwiebeln glasig sind.

Die Tomaten überbrühen, häuten und das Kerngehäuse entfernen, dann pürieren. Beim Topf mit dem Gemüse die Hitze erhöhen und den Pancetta unter Rühren hinzufügen. Wenn der Schinken etwas Farbe bekommen hat, den Wein, die Tomaten und die Kräuter zugeben. Ein paar Minuten dünsten.

Dann die Hühnerbrühe und die Bohnen hinzufügen. Achtung: Wenn Sie getrocknete Bohnen verwenden und diese eingeweicht haben, müssen diese jetzt gar gekocht werden. Sie benötigen dann die größere Menge an Brühe, weil ein Teil einkocht. Kommen sie aus der Dose, ist weniger Flüssigkeit notwendig (geben Sie die ganze Dose inklusive Flüssigkeit hinzu). Kochen lassen, bis die Bohnen die gewünschte Konsistenz und die Aromen sich verbunden haben. Mit eingeweichten Bohnen dauert dies etwa 45 Minuten. Evtl. etwa 500 ml der festen Zutaten aus dem Topf nehmen und pürieren, um so die Suppe zu binden. Dann wieder unter die restlichen Zutaten mischen. Die Pasta hinzufügen und gar kochen. Evtl. mit etwas mehr Wasser bis zur gewünschten Konsistenz verdünnen. Servieren! Parmesan passt dazu, ist aber nicht notwendig.

RIBOLLITA

Dies hier ist ein bemerkenswertes Gericht, weil es viel lecke-
rer ist, als man erwarten würde. Ribollita lässt sich prima
einfrieren und, wie der Name andeutet, erneut aufwärmen.

4 PORTIONEN

500 g getrocknete weiße
    Riesenbohnen

1 Kartoffel

1 große Tomate

1 kleines Stück Knollen-
    sellerie

1 Lorbeerblatt

1 Thymianzweig

1 Rosmarinzweig

150 ml Olivenöl + gutes
    Olivenöl zum Servieren

1 große Zwiebel

2 Möhren

3 Stangen Sellerie

4 Knoblauchzehen

½ Handvoll Stängel von
    glatter Petersilie, gehackt

1 Prise Chiliflocken

½ TL Fenchelsamen

1 Dose à 400 g ganze
    geschälte Tomaten

200 g Schwarzkohl, in
    Streifen geschnitten

1 Stück Sauerteigbaguette
    oder anderes helles, leicht
    zähes Brot (30 cm)

Salz und frisch gemahlener
    schwarzer Pfeffer

10 g glatte Petersilie, fein
    gehackt

120 g Parmesan, gerieben

SO WIRD'S GEMACHT: Die Bohnen 12 Stunden einweichen. Das Wasser abgießen und sie dann in 1,2 l Wasser zusammen mit der geschälten Kartoffel, der leicht zerdrückten Tomate, dem Knollensellerie, dem Lorbeerblatt, dem Thymian und dem Rosmarin etwa 60 Minuten kochen, bis die Bohnen weich sind. Das Kochwasser durch ein Sieb gießen und aufheben. Dann alles bis auf die Bohnen wegwerfen.

In einem großen gusseisernen Topf 150 ml Olivenöl erhitzen. Die fein gehackte Zwiebel, die fein gehackten Möhren, den fein gehackten Sellerie, den geschälten und fein gehackten Knoblauch, die Petersilien-Stängel, die Chiliflocken und die im Mörser zerstoßenen Fenchelsamen hinzufügen. Umrühren, die Hitze reduzieren und bei sehr niedriger Hitze zugedeckt 20 Minuten kochen.

Dann die Tomaten hinzufügen und die Hitze erhöhen. Kochen, bis die meiste Flüssigkeit eingekocht ist und das Ganze leicht matschig wird. Häufig umrühren. Die Bohnen und einen Großteil des Wassers, in dem die Bohnen gekocht wurden, zugeben. Aufkochen lassen. Dann den Kohl hinzufügen und zugedeckt etwa 20 Minuten kochen. Jetzt den restlichen Bohnensud angießen und evtl. noch etwas Wasser, falls notwendig. Das Ziel ist ein flüssiger Eintopf, aber keine flüssige Suppe. In einer Schüssel das Brot in kleinere Stücke reißen, 150 ml Wasser darübergießen und das Brot quellen lassen.

Den Eintopf mit Salz und Pfeffer abschmecken. Er braucht sehr viel Salz und recht viel Pfeffer. Das Brot hinzufügen und gründlich unterrühren, damit es sich auflöst und gleichmäßig verteilt. Dann die Petersilienblätter, den Parmesan und einen ordentlichen Schuss gutes Olivenöl unterrühren. Zugedeckt einige Minuten ziehen lassen, damit das Brot alle Aromen aufnehmen kann. Servieren!

IN BUTTER GEBRATENE WEISSE BOHNEN MIT KNUSPRIGEM KOHL

In dieser schnellen rustikalen Bohnenpfanne können Sie Schwarzkohl und Grünkohl gleichermaßen verwenden. Das Salbeiaroma macht sich auf angenehme Weise bemerkbar, wie ich finde, doch wenn Sie sich nicht sicher sind: Nehmen Sie zunächst eine kleinere Menge Salbei und tasten sie sich an die richtige Menge heran. Die Bohnen setzen beim Braten leicht an, benutzen Sie also am besten eine Bratpfanne mit Anti-Haft-Beschichtung.

4 PORTIONEN

2 Dosen weiße Riesenbohnen à 400 g
250 g Grün- oder Schwarz-kohl
100 ml Wasser
Salz und frisch gemahlener schwarzer Pfeffer
50 g Butter
2 EL Salbei, fein gehackt
3–4 Knoblauchzehen, fein gehackt
abgeriebene Schale von 1 unbehandelten Zitrone
30 g Pinienkerne
75 g Pecorino oder Parmesan

SO WIRD'S GEMACHT: Die Bohnen abspülen und so gut es geht mit Küchenpapier oder einem Küchen-handtuch abtrocknen. Den Kohl grob hacken und kurz in 100 ml leicht gesalzenem Wasser in einer Pfanne 2 Minuten dünsten, dann das Wasser abgießen.

In einer breiten Pfanne oder zwei kleineren die Butter schmelzen, dann die Hitze auf mittlere Stufe reduzieren, wenn sie allmählich zu spritzen aufhört. Die Bohnen hinzugeben, alle müssen auf dem Pfan-nenboden aufliegen. Braten, bis sie auf einer Seite goldgelb sind – das dauert ein paar Minuten. Mit Salbei, Knoblauch, abgeriebener Zitronenschale und Salz bestreuen. Dann die Bohnen wenden und auch von der anderen Seite goldgelb werden lassen. Den Kohl hinzufügen, vorsichtig unterheben und erwärmen.

In einer trockenen Pfanne die Pinienkerne rösten. Den Käse hobeln oder in Scheiben schneiden. Reich-lich schwarzen Pfeffer frisch über die Pfanne mahlen und Käse und Nüsse zugeben, dann servieren!

BOHNENGNOCCHI MIT SARDELLENVINAIGRETTE, HASELNÜSSEN UND BROKKOLI

Es ist ganz einfach, Gnocchi aus Bohnen zuzubereiten. Vorteil gegenüber der klassischen Kartoffelvariante ist, dass man vorher nichts schälen und kochen muss, denn es funktioniert prima mit Bohnen aus der Dose.

4 PORTIONEN

BOHNENGNOCCHI
2 Dosen Wachs-, Cannellini-
    oder weiße Riesenbohnen
    à 400 g
knapp 120 g Weizenmehl
½ TL Salz
2 Eigelb
Butter oder Olivenöl
ggf. 1 TL Salbei, fein gehackt

SARDELLENVINAIGRETTE
15 Sardellenfilets
2 Knoblauchzehen
150 ml Olivenöl
75 ml Weißweinessig
Schale und Saft von
    ½ Zitrone
25 g Blattspinat, fein gehackt
Salz und frisch gemahlener
    schwarzer Pfeffer

SO WIRD'S GEMACHT: Beginnen Sie mit den Gnocchi. Die Bohnen abspülen. Eine Pfanne erhitzen und darin die Bohnen bei starker Hitze 2 bis 3 Minuten trocknen. Abkühlen lassen. Von Hand oder mit einem Mixer mit dem Mehl, dem Salz und den Eigelben pürieren.

Für das Dressing die Sardellen und den geschälten Knoblauch im Mörser zerkleinern oder zerdrücken und mit den übrigen Zutaten mischen. Mit Salz und Pfeffer abschmecken.

In einer Pfanne die Haselnüsse rösten und anschließend grob hacken. Den Käse hobeln oder in sehr dünne Scheiben schneiden. In einem großen Topf reichlich gesalzenes Wasser aufkochen.

Gnocchi formen, ungefähr fingerspitzengroß, und in mehreren Portionen kochen. Sie sind fertig, wenn sie an die Oberfläche treiben. In einem Sieb abtropfen lassen. Butter oder Öl erhitzen und die Gnocchi goldgelb braten. Evtl. mit Salbei bestreuen.

Den Brokkoli und die Bohnen ein paar Minuten leicht blanchieren. Mit dem Dressing vermengen, wenn sie noch heiß sind, und darauf Gnocchi, Käse und Nüsse geben.

SALATZUTATEN
75 g ganze Haselnüsse
150 g Parmesan oder Pecorino
500 g Brokkoli, am besten
   Spargelbrokkoli
500 g Buschbohnen oder
   Wachsbohnen

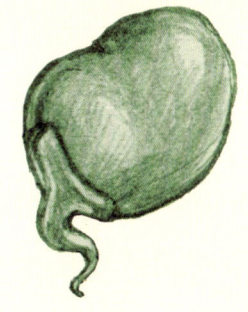

ACKERBOHNEN, FETA UND SUMAK

Ackerbohnen findet man in immer mehr Tiefkühltruhen. Sie schmecken das ganze Jahr über, sind süß und cremig und eignen sich perfekt für Salate. Man kann die dicke Schale mitessen, doch die Mühe, sie zu schälen, lohnt sich. Sumak ist ein säuerliches Gewürz aus getrockneten und zu Pulver vermahlenen Sumakbeeren, das häufig in der türkischen Küche verwendet wird. Ist es schwer zu bekommen, ersetzen Sie es durch etwas zusätzlichen Zitronensaft und ein wenig Zitronenschalenabrieb.

4 PORTIONEN

800 g tiefgekühlte Ackerbohnen
Salz und frisch gemahlener
   schwarzer Pfeffer
5 Knoblauchzehen
100 ml Olivenöl
1 EL Kreuzkümmel
Saft von 2 Zitronen
10 g Dill, gehackt
10 g glatte Petersilie, gehackt
150 g Feta
Sumak

SO WIRD'S GEMACHT: Die Ackerbohnen entweder bei Zimmertemperatur oder durch Aufkochen in leicht gesalzenem Wasser auftauen und dann schälen. Den geschälten Knoblauch in Salz zu einem Mus zerdrücken. In einer Pfanne das Öl mit dem Knoblauch und dem Kreuzkümmel 5 Minuten vorsichtig erhitzen; es darf nicht anbrennen. Die Zitronen auspressen und den Saft hinzufügen. Dann das Ganze vom Herd nehmen und die gehackten Kräuter und die Ackerbohnen unterrühren und mit Salz und Pfeffer abschmecken. Mit zerkrümeltem Feta bestreuen und ein paar Prisen Sumak daraufgeben.

GRÜNE LINSEN, DILL UND LACHS

Vor dem Ersten Weltkrieg stand Russland für etwa 80 Prozent der weltweiten Linsenproduktion. Dann gerieten die Linsen in Vergessenheit, zum Vorteil anderer Nutzpflanzen. Dieses Gericht wurde durch russische Geschmacksrichtungen – Lachs, Dill und Schmand – und grüne Linsen inspiriert.

4 PORTIONEN

150 g getrocknete grüne
   Linsen
2–3 Möhren
3 Stangen Sellerie
50–100 ml Olivenöl
5 g Stängel von glatter
   Petersilie + 10 g glatte
   Petersilie, fein gehackt
15 g Dill, fein gehackt
110 g Kürbiskerne
110 g Sonnenblumenkerne
250 g tiefgekühlte Sojabohnen
600 g warm geräucherter
   Lachs
Saft von 3 Zitronen

SCHNELL EINGELEGTE ROTE
ZWIEBELN
175 ml Wasser
90 g Zucker
25 ml Essigessenz
1–2 rote Zwiebeln

ZUM SERVIEREN
Schmand, Crème fraîche
   oder Sauerrahm

SO WIRD'S GEMACHT: Nach Möglichkeit die Linsen 1 Stunde einweichen, Sie können sie jedoch auch trocken kochen. Mit dem Kochen beginnen.

Das Wasser, den Zucker und die Essigessenz für die roten Zwiebeln aufkochen. Die Zwiebeln schälen, in dünne Scheiben schneiden und in den Sud geben, wenn sich der Zucker aufgelöst hat. Zur Seite stellen und ziehen lassen, während Sie den Rest zubereiten. 10–15 Minuten vor dem Servieren ein paar Eiswürfel in den Zwiebelsud legen. Durch die Kälte werden die Zwiebeln knusprig und lecker. Dann den Sud abgießen.

Die Möhren und den Sellerie in zentimetergroße Würfel hacken. In einem Topf mit dickem Boden reichlich Olivenöl erhitzen. Das Gemüse zugedeckt köcheln lassen, bis es weich, aber auch knusprig ist. Die Kräuter hacken, bei der Petersilie auch die Stängel. Die Stängel zu den Möhren und dem Sellerie geben, sie verleihen ihnen etwas zusätzliche Säure. In einer trockenen Pfanne die Kürbiskerne und die Sonnenblumenkerne rösten. Die tiefgekühlten Sojabohnen nach Packungsanweisung erhitzen. Den Lachs in Stücke brechen.

Den Lachs, die Linsen, die Sojabohnen, die Möhren, den Sellerie, die Kräuter, die Kürbiskerne und die Sonnenblumenkerne vermengen. Den Zitronensaft darüber auspressen und das Ganze mit den eingelegten roten Zwiebeln sowie Schmand, Crème fraîche oder Sauerrahm garnieren.

MAPU DOUFU MIT SCHWEINENACKEN

Ein Sichuan-Klassiker. Man kann ihn aus Rinderhackfleisch, gemischtem Hackfleisch oder vegetarischen Alternativen zubereiten. Doch ich finde dieses Gericht am besten mit in kleine Stücke geschnittenem Schweinenacken. Das zusätzliche Fett macht sich gut. Was dem Gericht seinen charakteristischen Geschmack und die Tiefe verleiht, ist Toban Jiang, eine Gewürzpaste aus Sichuan auf der Basis von roten Chili und fermentierten Ackerbohnen. Es gibt sie in Asia-Supermärkten. Seiden- und Baumwolltofu lässt sich in diesem Rezept auch sehr gut verarbeiten.

4 PORTIONEN

400 g Tofu
500 ml Hühnerbrühe
5–6 Frühlingszwiebeln
1 Ingwerknolle
1 ½ EL Knoblauch
Salz und frisch gemahlener
   weißer Pfeffer
2 EL Reisweinessig
1 EL helle Sojasauce
1 EL Sesamöl
300 g Schweinenacken
1–2 EL Sichuan-Pfeffer-
   körner
neutrales Öl
Sichuan-Chilipaste
   (Toban Jiang)

SO WIRD'S GEMACHT: Den Tofu in zentimetergroße Würfel schneiden und in der Brühe aufkochen. Wenn die Brühe kocht, den Topf vom Herd nehmen und zur Seite stellen. Die Frühlingszwiebeln hacken und weiße und grüne Teile trennen (die weißen Teile kommen in den Wok/die Pfanne, die Grünen werden zum Garnieren aufgehoben). Den Ingwer reiben und 1 ½ EL Saft auspressen, nur dieser wird verwendet. Den Knoblauch schälen, reiben oder hacken und mit etwas Salz zu einer glatten Masse zerdrücken. Den Knoblauch, den Ingwersaft, den Essig, die Sojasauce, das Sesamöl und weißen Pfeffer verrühren. Den Schweinenacken in kleine Stücke schneiden und kurz darin marinieren.

Die Sichuan-Pfefferkörner in einer trockenen Pfanne rösten. Wenn sie anfangen, ihr, freundlich ausgedrückt, zitrusartiges, aber, ehrlich gesagt, einzigartiges Aroma aus Schweiß und Seife zu verbreiten, sind sie fertig. Gründlich im Mörser zerkleinern.

In einer Pfanne bei starker Hitze das Öl erhitzen. Das Fleisch und die Frühlingszwiebeln anbraten. 200–300 ml der Brühe und die Chilipaste hinzufügen. Die exakte Menge Chilipaste lässt sich schwer angeben, die verschiedenen Pasten, die man kaufen kann, sind ganz unterschiedlich scharf. Ich habe für dieses Rezept 150 ml verwendet. Beginnen Sie mit einer kleinen Menge und tasten Sie sich langsam vor. Den Tofu hinzufügen. Die Hitze reduzieren und das Ganze einige Minuten sieden lassen. Gegebenenfalls noch etwas Brühe hinzufügen, damit das Gericht etwas mehr Sauce hat. Mit grünen Frühlingszwiebeln und einigen Prisen Sichuan-Pfeffer bestreuen. Den restlichen Pfeffer zum Würzen auf den Tisch stellen. Mit Reis servieren.

ZITRONENGRASTOFU

Zitronengras mit Tofu ist eine klassische vietnamesische Kombination. Weil der Tofu trocken gebraten wird, wird er knusprig und gleichzeitig leicht zäh und erhält so eine herrliche Konsistenz.

4 PORTIONEN

600 g fester Tofu
600 g Brokkoli
100–200 ml Wasser
Salz
neutrales Öl zum Braten
1 Bund Thaibasilikum

DRESSING
8 Stängel Zitronengras
4 Knoblauchzehen
3 rote Chilis
2 EL Zucker
Saft von 1 Limette
2 TL helle Sojasauce
50 ml Fischsauce
50 ml Reisweinessig

SO WIRD'S GEMACHT: Den Tofu in zentimeterdicke Würfel und danach in Dreiecke schneiden. Leicht salzen und in einer beschichteten Pfanne ca. 5 Minuten von jeder Seite braten. Die Stücke sollten trocken sein und etwas Farbe bekommen haben.

Das Dressing zubereiten: Die äußerste trockene Schicht des Zitronengrases abziehen. Den Strunk abschneiden und die restlichen Stücke fein hacken. Den Knoblauch schälen und fein hacken, die Chilis fein hacken. Das Zitronengras, den Knoblauch, die Chilis und den Zucker im Mörser zerkleinern. Mit dem Limettensaft, der Sojasauce, der Fischsauce und dem Reisweinessig mischen. In einer Pfanne oder in einem Topf das Dressing erhitzen. Aufkochen, vom Herd nehmen und den Tofu unterheben. Bei schwacher Hitze ziehen lassen, während der Brokkoli zubereitet wird.

Den Brokkoli putzen und in kleinere Stücke schneiden, auch den Strunk. 100–200 ml leicht gesalzenes Wasser in einer Pfanne erhitzen, den Brokkoli darin garen, bis er heller geworden und eine frische grüne Farbe bekommen hat. Ein paar EL Öl erhitzen und den Brokkoli bei starker Hitze kurz braten. Dann den Tofu in die Pfanne geben und das Ganze mit gehacktem Thaibasilikum bestreuen. Dazu passen Jasminreis, Avocado und ein Stück Limette.

KICHERERBSENEINTOPF MIT KÜRBIS UND DATTELN

Ein Großteil aller weihnachtlichen Zutaten steckt in diesem schönen, leuchtend gelben, marokkanisch-anmutenden Kichererbseneintopf mit Safran, Datteln, Kürbis, Tomaten und eingelegten Zitronen.

4 PORTIONEN

750 g Kürbis, z. B. Butternut-Kürbis, in grobe Stücke geschnitten
Olivenöl
Salz und frisch gemahlener Pfeffer
150 g Buschbohnen
2 Zwiebeln
6–8 Datteln, entsteint
4 Knoblauchzehen
2 EL eingelegte Zitronen
2 Dosen Kichererbsen à 400 g
1–2 EL Harissa
400 g gehackte Tomaten
2 TL Kreuzkümmel
½ TL Zimt
½ g Safran
Saft von 1 Zitrone
1 Bund Minze, gehackt
1 Handvoll Petersilie, gehackt

SO WIRD'S GEMACHT: Den Ofen auf 225 °C vorheizen. Den Kürbis schälen und in grobe Stücke schneiden, in Öl wenden, salzen und im Ofen auf einem Blech oder in einer Form 30 Minuten backen.

Die Buschbohnen in daumenlange Stücke schneiden und in leicht gesalzenem Wasser kurz blanchieren. Die geschälten Zwiebeln und die Datteln fein und den geschälten Knoblauch sowie die eingelegten Zitronen sehr fein hacken. In einer Schmorpfanne oder einem großen Topf in Öl braten: erst die Zwiebeln, danach die abgetropften Kichererbsen, die Datteln, den Knoblauch, die Zitronen und die Harissa.

Die gehackten Tomaten, die Bohnen und die trockenen Gewürze hinzufügen. Bei niedriger Hitze 10–15 Minuten köcheln lassen. Den Kürbis aus dem Ofen nehmen und vorsichtig zu den anderen Zutaten in die Pfanne geben und unterheben. 5–10 Minuten ziehen lassen, damit die Aromen sich verbinden können. Abschmecken, den Zitronensaft darüber auspressen und mit Minze und Petersilie bestreuen. Am besten mit Couscous und zerkrümeltem Feta oder zu Lammfleisch servieren.

SÄUERLICHE LINSENSUPPE MIT LIMETTE, KOKOSMILCH UND CHILI

Eine erfrischende Linsensuppe mit Biss. Frische Limetten-blätter gibt es im Kühlregal in Asia-Supermärkten, aber wenn Sie diese nicht bekommen, können Sie auch eine größere Menge abgeriebene Zitronenschale verwenden.

4 PORTIONEN

200 g Möhren, gerieben
2–3 EL Ingwer, gerieben
4 Frühlingszwiebeln
1 Bund Koriander
Chiliflocken oder frischer
   roter Chili nach Geschmack
6 Knoblauchzehen
1 EL Koriandersamen, alternativ
   1 EL gemahlener Koriander
neutrales Öl
1 EL Zucker
8 Limettenblätter
4 unbehandelte Limetten
   (Abrieb von 2, Saft von
   4 Limetten)
300 g getrocknete rote oder
   gelbe Linsen
2 Dosen Kokosmilch à 400 g
600 ml Wasser
Salz

SO WIRD'S GEMACHT: Die Möhren grob und den Ingwer fein reiben. Die Frühlingszwiebeln, den Koriander (auch die Stängel, die kommen in die Suppe) und den Chili, wenn Sie ihn frisch verwenden, hacken. Den Knoblauch schälen, ebenfalls hacken und zu einem Brei zer-drücken. Die Koriandersamen im Mörser zer-stoßen. In einem Topf Öl erhitzen, darin die Möhren, die Frühlingszwiebeln, den Knob-lauch, die Korianderstängel, den Ingwer, den Chili und die Koriandersamen braten. Den Zucker, die Limettenblätter, die Limetten-schale und die Linsen unterrühren. Die Kokos-milch und das Wasser angießen. Aufkochen lassen. Bei niedriger Hitze köcheln, bis die Linsen fast gar sind, sie dürfen gerne noch etwas Biss haben. Den Limettensaft auspres-sen und zugeben, die Suppe salzen und mit den gehackten Korianderblättern bestreuen.

ROTE LINSENSUPPE MIT APRIKOSEN, SONNENBLUMEN- UND KÜRBISKERNEN

Eine fruchtige und gut sättigende Linsensuppe. In einer Viertelstunde fertig!

4 PORTIONEN

2–3 Zwiebeln
125 g getrocknete
    Aprikosen
2 rote Chilis
neutrales Öl
6 Sternanis
2 Prisen gemahlener Zimt
1 Prise Kardamom
1 EL Honig
2 Dosen gehackte Tomaten
    à 400 g
300 g getrocknete rote oder
    gelbe Linsen
1,4 l Wasser
Salz
Saft von 2–3 Limetten

ZUM GARNIEREN
150 g Sonnenblumenkerne
150 g Kürbiskerne

SO WIRD'S GEMACHT: Die geschälten Zwiebeln und die Aprikosen fein, die Chilis (ohne Kerne, wenn es nicht so scharf werden soll) sehr fein hacken. In einem Topf bei mittlerer Hitze in reichlich Öl braten, die Gewürze, den Honig und danach die Tomaten unterrühren. Unter Rühren einige Minuten köcheln lassen. Danach die Linsen und das Wasser hinzufügen und aufkochen. Bei niedriger Hitze kochen, bis die Linsen beinahe gar sind.

Den Sternanis herausnehmen. Etwa die Hälfte der Suppe in ein geeignetes Gefäß umfüllen und pürieren. Dann das Püree zurück in den Topf geben und das Ganze mit Salz und Limettensaft abschmecken.

Die Sonnenblumen- und die Kürbiskerne mit Salz in einer trockenen Pfanne rösten und über die Suppe streuen oder separat dazu reichen.

PASTA MIT ERBSEN UND ERBSENSPROSSEN

Ein schnell zubereitetes Nudelgericht mit wenigen Zutaten und viel Geschmack. Die grünen Erbsen bekommen durch den Sud, in dem sie kochen, eine salzige und eine säuerliche Note, während die Erbsensprossen für eine wunderbare Süße und eine herrliche Farbe sorgen.

4 PORTIONEN

500 g Nudeln
4 Knoblauchzehen
Olivenöl
200 g Pancetta
400 g gefrorene grüne Erbsen
Saft von 2 Zitronen
2 EL Butter
frisch gemahlener schwarzer Pfeffer
250 g Erbsensprossen
1 große Handvoll glatte Petersilie
Parmesan

SO WIRD'S GEMACHT: Das Nudelwasser aufkochen, während Sie die anderen Zutaten vorbereiten. Die Nudeln hineingeben. Die Knoblauchzehen schälen, zerdrücken und in etwas Öl in einer Pfanne braten. Herausnehmen, wenn sie Farbe bekommen haben und weich geworden sind. Das Öl in der Pfanne belassen. Darin kurz den Pancetta braten. Die Erbsen und den Zitronensaft hinzufügen.

Vom Nudelwasser, das bereits einige Zeit gekocht hat, 200 ml abmessen, zu den Erbsen und dem Schinken gießen und 3–4 Minuten kochen lassen. Die Sauce wird leicht einreduziert.

Die Butter unterrühren und mit reichlich Pfeffer abschmecken. 100 g Erbsensprossen, den Großteil der Petersilie und die beinahe fertig gekochte Pasta unterheben. Gegebenenfalls mit mehr Nudelwasser verdünnen, wenn die Nudeln zu trocken werden. Mit den restlichen Erbsensprossen und der Petersilie bestreuen. Mit Parmesanspänen servieren.

KIMCHI-EINTOPF MIT TOFU, PILZEN UND GARNELEN

Ein koreanisch inspirierter Eintopf, in dem weicher Tofu in einer würzigen Brühe aus Garnelen, Fischsauce und Kimchi badet. Auch der normale „Blocktofu" führt zu einem guten Ergebnis. Die Kimchi-Basis wird normalerweise, wie der Name andeutet, für die Zubereitung von Kimchi verwendet. Doch sie ist auch eine perfekte Zutat in Eintöpfen wie diesem. Verwendet man stattdessen Gochujang, fermentierte Chilipaste, muss man die Menge der Fischsauce etwas erhöhen.

4–6 PORTIONEN

1 kg tiefgekühlte Garnelen
1 l Wasser
15 g Kombu
200 g Shiitake-Pilze oder
 Champignons
2 Zwiebeln
4–6 Knoblauchzehen
neutrales Öl zum Braten
500 g Kimchi
100 ml Kimchi-Basis oder
 50 ml Gochujang
1 kleine Stange Lauch
600 g Tofu, am besten
 weicher Seidentofu
1–2 EL Fischsauce
4–6 Eier
4 Frühlingszwiebeln
Sesamöl zum Servieren

SO WIRD'S GEMACHT: Die aufgetauten Garnelen schälen, die Schalen aufheben. Im Ofen bei 225 °C 10 Minuten garen. Währenddessen 1 l Wasser mit dem Kombu aufkochen. Wenn rund um den Kombu kleine Bläschen sichtbar werden, den Kombu aus dem Topf nehmen. Stattdessen die Garnelenschalen hineingeben und 15 bis 20 Minuten kochen lassen, dann die Schalen abseihen, die Bouillon aufheben.

Die Pilze, die geschälten Zwiebeln und den geschälten Knoblauch in Scheiben schneiden und in einem Topf in etwas Öl braten. Das Kimchi und die Kimchi-Basis unterrühren, anschwitzen und danach die Garnelenbouillon angießen. Den Lauch in Stifte und den Tofu in größere Stücke schneiden und im Topf 10 bis 15 Minuten köcheln lassen. Mit Fischsauce abschmecken. Die Garnelen unterrühren und pro Person 1 Ei hineinschlagen. Weitere 5 Minuten kochen lassen. Die Frühlingszwiebeln hacken und darüberstreuen. Sesamöl dazu reichen, das sich am Tisch jeder selbst dosiert. Mit Reis reicht der Eintopf für 6 Personen.

BRAUNES BOHNEN-CHILI MIT SCHOKOLADE

Durch bittere Zutaten wie Kakao und grüne Paprika in Kombination mit süßen und sauren Noten aus Zucker, Limette und Koriander wird diesem Chili Leben eingehaucht. Man kann es genauso gut auch aus schwarzen Bohnen, Kidneybohnen oder aus einer Mischung verschiedener Sorten zubereiten.

6 PORTIONEN

500 g getrocknete braune Bohnen (alternativ 250 g braune Bohnen und 250 g Azukibohnen)
5 Tomaten
1–2 getrocknete Chipotle-Chilis
200 g Zwiebeln
5–6 Knoblauchzehen
1 große grüne Paprika
1–2 getrocknete Ancho-Chilis
1 ½ EL Kreuzkümmel
1 ½ EL Koriandersamen
1 Prise Paprikapulver
1 ½ TL Salz
neutrales Öl
1 Bund Koriander
50 g dunkle Schokolade, mindestens 70 %
Saft von 2 Limetten
1–2 EL Zucker
Tabasco oder eine andere scharfe Chilisauce

SO WIRD'S GEMACHT: Die Bohnen einweichen, mindestens 12 Stunden lang. Die Tomaten an der Unterseite über Kreuz einschneiden, in einen Topf mit Wasser legen, sodass sie gerade bedeckt sind. Auch die Chipotle-Chilis hinzufügen. Aufkochen lassen. Das Wasser aufbewahren.

Die Tomaten herausnehmen und häuten. Wenn sie abgekühlt sind und sich anfassen lassen, das Kerngehäuse entfernen und das Fruchtfleisch grob hacken. Die geschälten Zwiebeln, den geschälten Knoblauch und die geputzte Paprika verhältnismäßig grob hacken. Die Chipotle-Chilis herausnehmen und so fein wie möglich hacken. Auch die Ancho-Chilis hacken. Den Kreuzkümmel und die Koriandersamen im Mörser zerkleinern. Die Zwiebeln, den Knoblauch, die Paprika und die Chilis mit den trockenen Gewürzen in reichlich Öl anschwitzen. Dann die Tomaten und die Bohnen untermischen. Von dem Wasser, in dem Tomaten und Chili gekocht haben, so viel angießen, dass die Bohnen knapp bedeckt sind.

Lange kochen lassen, am besten 3–4 Stunden – entweder bei niedriger Hitze auf dem Herd oder im Ofen (150 °C). Mit einem Kartoffelstampfer einen Teil der Bohnen zerdrücken. Den Koriander hacken und die Hälfte zum Chili geben und unterrühren. Jetzt auch die Schokolade einrühren. Mit Limettensaft, Salz, Zucker und Chilisauce abschmecken. Den Eintopf 10–15 Minuten ziehen lassen. Mit dem restlichen Koriander bestreuen und servieren.

IN WEIN GEKOCHTE BELUGA-LINSEN MIT TOPINAMBUR UND PFLAUMEN

Wenn Linsen in Wein statt in Wasser kochen dürfen, bekommen sie ein spektakuläres Aroma. Im Ofen gebackene Pflaumen und Topinambur sorgen für zusätzliche Süße und Fülle.

4 PORTIONEN

600 g Topinambur
500 g Pflaumen
Olivenöl
Salz
50 g Zwiebeln
50 g Möhren
50 g Stangen- oder
   Knollensellerie
2 Lorbeerblätter
1 Prise Thymian
300 ml Rotwein
225 g Belugalinsen
Saft von 1 Zitrone
Rucola zum Servieren

SO WIRD'S GEMACHT: Die Topinambur schälen und in daumengroße Stücke schneiden. Die Pflaumen halbieren und entsteinen. In einer feuerfesten Form in etwas Öl und Salz wenden. Bei 200 °C etwa 30 Minuten im Ofen backen.

Die Zwiebeln, die Möhren und ggf. den Sellerie schälen und hacken. Das Wurzelgemüse in Öl mit Lorbeer und Thymian braten, bis es weich ist und die Zwiebeln glasig geworden sind. Dann die Hitze erhöhen und den Wein angießen. Aufkochen lassen. Anschließend die Linsen zugeben und ca. 20 Minuten kochen.

Die Pflaumen und die Topinambur unterheben. Mit Salz und Zitronensaft abschmecken. Mit Rucola servieren – das bittere Aroma passt perfekt dazu – und als Beilage gerne etwas sehr Salziges wie zum Beispiel Halloumi.

GRÜNE PAPRIKALINSEN

Drei Sorten grüne Paprika, Senfsamen und Kardamom verleihen diesem Linsengericht eine tiefe und leicht bittere Note. Aber auf bestmögliche Weise! Frische und eingelegte Zitronen dienen als Kontrast und sorgen für Erfrischung.

4 PORTIONEN

150 g grüne Linsen oder
   Puy-Linsen
2 große grüne Paprika
10–15 Pimientos de Padrón
2–3 frische Jalapeños
1 EL braune oder 2 EL gelbe
   Senfsamen
½ TL Kardamomsamen
1 TL ganze schwarze
   Pfefferkörner
Olivenöl
1 EL eingelegte Zitronen,
   fein gehackt
Saft von 2 Zitronen
Salz

SO WIRD'S GEMACHT: Die Linsen nach Packungs-anweisung kochen, sie sollten al dente sein. Die Paprika halbieren und das Kerngehäuse entfernen. Dann in zentimeterbreite Stücke schneiden. Die Pimientos de Padrón und die Jalapeños in Streifen schneiden (Jalapeños evtl. entkernen, sonst wird es sehr scharf). Die Senfsamen, den Kardamom und den Pfeffer im Mörser zerstoßen. In einer Pfanne etwas Öl erhitzen und die Paprika bei starker Hitze scharf anbraten. Noch einen Schuss Öl dazugeben, dann die Gewürzmischung und die eingelegten Zitronen hinzufügen und ordentlich umrühren.

Den frisch gepressten Zitronensaft angießen und die Pfanne vom Herd nehmen. Die Linsen ein-rühren. Mit Salz und evtl. mehr Zitronensaft und Öl abschmecken. Dazu passen gut die äthiopischen roten Linsen (siehe Seite 50), hart gekochte oder gebratene Eier und Hühnchen.

LAUWARMER BURMESI-SCHER TOFU-SALAT

4 PORTIONEN

360 g burmesischer Kicher-
   erbsentofu, siehe Seite 93,
   in Streifen geschnitten
1–2 rote Zwiebeln
neutrales Öl
200 g frischer Spinat oder ein
   anderes Blattgemüse
400 g Sprossen von grünen
   Linsen oder Mungbohnen,
   alternativ eine Mischung
2 Tomaten
1–2 Möhren
1 unreife, grüne Papaya
6 Frühlingszwiebeln
1 Bund Thaibasilikum
1 Bund Koriander

DRESSING
1 roter Chili, fein gehackt
1 grüner Chili, fein gehackt
1 ½ EL Fischsauce
8 cm Ingwer, gerieben und
   ausgepresst (nur der Saft)
1 ½ EL Tamarindenpaste
Saft von 3 Limetten
1 TL Zucker

ZUM BESTREUEN
1 Handvoll getrocknete Garnelen
75 g Erdnüsse
2 EL Kichererbsenmehl

Ein farbenfroher Salat mit vielen Aromen und Konsistenzen. Wenn Sie keine getrockneten Garnelen bekommen, nehmen Sie frische oder tiefgekühlte.

SO WIRD'S GEMACHT: In einer Schüssel die Zutaten für das Dressing mischen. Wenn es nicht so scharf werden soll, die Chilischoten vorher entkernen.
Den Tofu in etwa 1 × 5 cm große Stücke schneiden und in dem Dressing marinieren.

Die roten Zwiebeln schälen, in dünne Scheiben schneiden und die Hälfte davon in Öl braten. Dann den Spinat braten, bis er gerade weich wird, ebenso mit den Sprossen verfahren. Leicht abkühlen lassen. Die Tomaten entkernen und grob hacken. Die Möhren und die Papaya schälen und ebenfalls grob hacken. Die Frühlingszwiebeln und die Kräuter klein schneiden. Das Ganze am besten von Hand mischen.

Die Garnelen fein hacken, die Erdnüsse etwas gröber. In einer trockenen Pfanne das Kichererbsenmehl rösten, bis es nussig duftet und eine Farbe wie feuchter Sand hat. Den Salat mit Garnelen, Erdnüssen und Kichererbsenmehl bestreuen. Gerne ein paar Limettenspalten dazu servieren.

AGEDASHI-TOFU

Der Tofu im Agedashi-Tofu ist außen knusprig und innen weich-schmelzend. Die reichhaltige Bouillon wird durch den intensiven Ingwer und die Frühlingszwiebeln, milden Tofu und betäubenden Rettich gewürzt. Katsuobushi oder Bonitoflocken, wie das Produkt manchmal genannt wird, sind Flocken aus Thunfisch, der gekocht, geräuchert, getrocknet und fermentiert wird, sodass Filets so hart wie hochwertiges Holz entstehen, von denen hauchdünne Flocken unterschiedlicher Größe abgeschabt werden. Zusammen mit Kombu, einer großen Braunalge, die getrocknet verkauft wird, wird Katsuobushi für die Zubereitung der japanischen Bouillon Dashi verwendet, die für dieses Gericht die Grundlage bildet.

4 VORSPEISEN-PORTIONEN

400 ml Dashi (siehe unten)
1 daumengroßes Stück
  frischer Ingwer
10 cm Rettich
4 Frühlingszwiebeln
2 EL Mirin
50 ml helle Sojasauce
400 g Tofu, am besten
  Seidentofu
Kartoffelmehl
neutrales Öl zum Frittieren
Bonitoflocken

DASHI-BOUILLON
15 g Kombu
1 l Wasser
15 g Katsuobushi
  (Bonitoflocken)

SO WIRD'S GEMACHT: Zunächst die Dashi-Bouillon zubereiten. Den Kombu mit einem angefeuchteten Küchenhandtuch vorsichtig abtropfen. Dann im Wasser liegen und 10–15 Minuten ziehen lassen. Aufkochen, bis sich gerade kleine Bläschen rund um den Kombu bilden. Dann den Kombu herausnehmen. Katsuobushi hineingeben und erneut aufkochen. Kurz bevor die Flüssigkeit kocht, den Topf vom Herd nehmen. 10 Minuten stehen lassen, dann durch einen Kaffeefilter oder ein feines Sieb abgießen.

Den Ingwer und den Rettich reiben, die Frühlingszwiebeln hacken. Dashi, Mirin und Sojasauce mischen und noch heiß in einen Topf gießen. Den Tofu in recht große Stücke schneiden, denken Sie an Duplo-Steine. Rundum in Kartoffelmehl wälzen. Das Öl auf 180 °C erhitzen. Die Tofustücke 4–5 Minuten frittieren, bis sie außen schön knusprig sind, aber noch keine Farbe bekommen haben. Ganz kurz auf einem Rost oder Küchenpapier abtropfen lassen. Auf kleine Teller legen, die Brühe angießen und mit Rettich, Ingwer, Frühlingszwiebeln und einigen Bonitoflocken garnieren.

BURMESISCHER KICHERERBSENTOFU

Eine schnell zubereitete Tofu-Variante aus Kichererbsenmehl, die nicht gerinnen muss, sondern von alleine fest wird. In Burma wird der Teig selbst auch für Nudelgerichte verwendet. Kurkuma kann man nach Geschmack hinzufügen; sie macht eine schöne Farbe.

CA. 700 G

1 TL Salz
120 g Kichererbsenmehl
½ TL Kurkuma
600 ml kaltes Wasser
neutrales Öl

SO WIRD'S GEMACHT: Das Salz, das Kichererbsenmehl und die Kurkuma mischen. Dann die Mischung in Wasser einrühren, immer nur eine kleine Menge auf einmal, dabei kräftig rühren. Es verklumpt leicht. Den Teig immer noch unter Rühren erhitzen, bis sich langsam Blasen zeigen. Bei sehr niedriger Hitze unter Rühren 10–15 Minuten köcheln lassen. Vom Herd nehmen, wenn der Teig beginnt anzudicken.

Eine Form ölen und den Teig in einer 2–3 cm dicken Schicht darin ausbreiten. 20–30 Minuten fest werden lassen. Danach kann er aufgeschnitten und in etwa wie Tofu verwendet werden, am besten schmeckt er aber in einem farbenfrohen burmesischen Salat wie dem von Seite 90.

Tipp: Bereiten Sie den Teig vor, gerne 8–10 Stunden vorher, und lassen Sie ihn vor dem Kochen quellen.

MUJADARA MIT STEINPILZEN UND PISTAZIEN

Im Original hat das arabische Gericht eigentlich nur drei Bestandteile: Reis, grüne oder braune Linsen und gebratene Zwiebeln. Komplizierter ist die Zubereitung nicht. Und steinalte Kochbücher aus dem 13. Jahrhundert schreiben uns genau vor, wie es geht. Aber ich kann mir nicht helfen, ich finde, Zutaten wie Pistazien, Steinpilze, Zitrone, Knoblauch und frische Kräuter machen dieses Gericht erst zu etwas ganz Besonderem.

6 PORTIONEN

60 g getrocknete Steinpilze
    oder eine entsprechende
    Menge frische/gefrorene
8 Zwiebeln
Olivenöl
300 g grüne Linsen
240 g Basmatireis
1 TL Salz
4 Sternanis
frisch gemahlener
    schwarzer Pfeffer
abgeriebene Schale und
    evtl. Saft von 2 unbehan-
    delten Zitronen
3 Knoblauchzehen
10–20 g glatte Petersilie,
    gehackt
1 Bund Dill, gehackt
65–130 g Pistazien, grob
    gehackt

SO WIRD'S GEMACHT: Wenn Sie getrocknete Pilze verwenden, diese zunächst einweichen. Die Zwiebeln schälen, halbieren und in dünne Scheiben schneiden. Ja, tatsächlich sollen es hier so viele Zwiebeln sein. Sie fallen zusammen, und schon bald werden Sie sich wünschen, es wären mehr. Zunächst die Zwiebeln in Olivenöl braten, nicht zu viele auf einmal. Am besten zwei Pfannen verwenden. Das Ziel sind goldgelbe, süß karamellisierte, knusprig gebratene Zwiebeln. Konzentrieren Sie sich auf die eine Hälfte der Zwiebeln, die andere Hälfte wird nämlich mit dem Reis und den Linsen kochen und muss nicht perfekt werden.

Weichen Sie die Linsen nicht ein, egal, was auf der Verpackung steht. In 1 l Wasser 30 Minuten kochen, danach den Reis, die Hälfte der Zwiebeln, das Salz und den Sternanis weitere 15–20 Minuten mitkochen. Zwischendurch prüfen, ob mehr Wasser notwendig ist. Mit Salz, Pfeffer, Zitronensaft und Olivenöl abschmecken, wenn der Reis gar ist.

Während der Eintopf kocht: Die Pilze hacken und in Öl braten. Dabei salzen. Den geschälten und fein gehackten Knoblauch, den Zitronenschalenabrieb, die Petersilie

und den Dill kurz vor Ende der Garzeit unterrühren. Den Reis- und Linseneintopf mit Pilzen, Pistazien und karamellisieren Zwiebeln garnieren. Am besten mit Zitrone, Feta und einem grünen Blattsalat mit Minze und Granatapfelkernen servieren.

BUTTRIGER BOHNENAUFLAUF

Ein frischer Auflauf, soweit das denn möglich ist. Die warme Knoblauchbutter rundet ab und sorgt für Fülle, während der Pecorino den Buschbohnen und Wachsbohnen etwas Salzigkeit verleiht. Eine hübsche intensive Farbskala von Hell- bis Dunkelgrün.

6 PORTIONEN

4–6 Knoblauchzehen
150 g Butter
1 kg Kartoffeln, am besten
mehligkochende
500 g Wachsbohnen
500 g Buschbohnen
150 g Pecorino
Salz und frisch gemahlener
schwarzer Pfeffer
glatte Petersilie
Basilikum

SO WIRD'S GEMACHT: Den Ofen auf 225 °C vorheizen. Die Knoblauchzehen schälen und leicht zerdrücken. In einem Topf die Butter zerlassen und den Knoblauch hinzufügen. Zur Seite stellen und während der weiteren Vorbereitungen ziehen lassen. Die Kartoffeln schälen, halbieren und in ½ cm dünne Scheiben schneiden. 5 Minuten kochen lassen. Das Wasser abgießen. Frische Bohnen werden für 1–2 Minuten in kochendes Wasser gelegt, bevor sie mit kaltem Wasser abgespült werden, damit sie nicht zu weich geraten. Tiefgekühlte Bohnen müssen eigentlich nur auftauen. Gegebenenfalls die Bohnen in kleinere Stücke schneiden. Den Käse reiben. Den Knoblauch aus der Butter nehmen. Für ein noch kräftigeres Knoblaucharoma 1–2 Zehen auspressen und in die Butter rühren.
Die Butter mit den Bohnen sowie Salz und Pfeffer gründlich vermengen. Die Bohnen, die Kartoffeln und den Käse in einer großen Auflaufform schichten. Mit einer Schicht Käse abschließen. Die Form mit Folie bedecken und auf mittlerer Schiene im Ofen etwa 20 Minuten backen. Während der letzten 5 Minuten die Folie entfernen, damit der Käse Farbe bekommt. Mit gehackter Petersilie und Basilikum bestreuen und servieren. Passt gut zu gegrilltem Huhn, säuerlichem Tomaten-Zwiebel-Salat und Brot.

KICHERERBSENEINTOPF MIT FRITTIERTER PASTA

Ciceri e tria ist der Name dieses Kichererbseneintopfs mit Nudeln, der seinen Ursprung in der italienischen Cucina povera hat, frei übersetzt „Armenküche". Ein Teil des Nudelteigs wird frittiert, um dem im Grunde veganen Gericht eine „fleischigere" Konsistenz zu verleihen. Man könnte auch gekaufte frische Pasta verwenden, aber es lohnt sich, die Nudeln selbst herzustellen – vor allem, weil sie dann frittiert noch viel besser schmecken.

4 PORTIONEN

KNOBLAUCHÖL
100 ml Olivenöl extra vergine
2 EL Knoblauch, gerieben, ausgepresst oder fein gehackt

75 g Möhren
75 g Staudensellerie
55 g Zwiebeln, gehackt
600 g gekochte Kichererbsen (= 225 g getrocknete oder 2 Dosen à 400 g)
1 Gemüsebrühwürfel
Salz

PASTATEIG (ALTERNATIV 400 G FRISCHE PASTA)
150–200 ml heißes Wasser
1 TL Salz
280 g Hartweizengrieß

SO WIRD'S GEMACHT: „Extra vergine" ist ein merkwürdiger Begriff. Schon die beiden Food-Satiriker Ann Barr und Paul Levy haben in ihrem Buch „The official Foodie Handbook" die Frage aufgeworfen: Was bedeutet das eigentlich? Noch jungfräulicher als jungfräulich? Was so viel Sinn ergibt wie „toter als tot"? Wie auch immer, es heißt so, und wir brauchen es hier: die leicht pfeffrige Schärfe eines guten, jungen Olivenöls. Den gehackten, geriebenen oder ausgepressten Knoblauch in das Öl einrühren und ziehen lassen.

Das Gemüse in kleine Stücke schneiden und bei niedriger Hitze in Olivenöl anschwitzen.

Wenn Sie Kichererbsen aus der Dose verwenden: Die Kichererbsen mit der Flüssigkeit hinzufügen, wenn die Zwiebeln glasig sind. Den Gemüsebrühwürfel zugeben und mit etwas Wasser verdünnen. Bei niedriger Hitze 10–15 Minuten köcheln lassen.

Wenn Sie eingeweichte Kichererbsen verwenden: Erst jetzt hinzufügen. Einen Gemüse-

Fortsetzung auf Seite 98

AUSSERDEM
Pecorino
glatte Petersilie
Mehl
Olivenöl
Chiliflocken
schwarzer Pfeffer
Zitronenspalten

brühwürfel zugeben und so viel Wasser angießen, dass Gemüse und Kichererbsen gerade bedeckt sind. Kochen, bis die Kichererbsen relativ weich sind. Rechnen Sie mit 90 Minuten.

Jetzt den Pastateig zubereiten. Das Wasser und das Salz aufkochen. In einer Schüssel das Mehl abwiegen und das heiße Wasser nach und nach angießen.

Der Teig muss fest sein, vielleicht brauchen Sie nicht die gesamte Wassermenge. Von Hand bearbeiten, bis der Teig abgekühlt ist und sich geschmeidig anfühlt. Das dauert etwa 5 Minuten. Mit Klarsichtfolie abdecken und mindestens 15 Minuten ruhen lassen.

Jetzt die Suppeneinlage vorbereiten. Den Pecorino reiben, die Petersilie hacken. Dann eine geeignete Form mit Mehl bestreuen und den Teig ausrollen. Er darf ruhig ein paar Millimeter dick sein. In 1 × 15 cm große Streifen schneiden. Einige Minuten antrocknen lassen.

Einen kleinen Topf 2–3 cm hoch mit Olivenöl füllen und das Öl auf 180 °C erhitzen. Wenn Sie kein Thermometer haben, testen Sie die Temperatur mit einem kleinen Stück Nudelteig. Es sollte schnell goldgelb werden. Wie viel Pasta Sie kochen und wie viel Sie frittieren möchten, entscheiden Sie nach Bedarf. Ich halte etwa ein Drittel frittierte Nudeln für genau richtig. Die frittierten Streifen auf Küchenpapier abtropfen lassen. Den Kichererbseneintopf salzen und dann die restlichen Nudeln unterrühren. Sie müssen nicht mehr kochen, sondern können ein paar Minuten im Eintopf garziehen.

Ein paar Esslöffel Knoblauchöl abschöpfen und drüberträufeln. Mit frittierter Pasta und gehackter Petersilie garnieren. Servieren! Stellen Sie Chiliflocken, Pfeffer, Pecorino, Zitronenspalten und das restliche Knoblauchöl auf den Tisch, damit jeder sich nach Geschmack selbst bedienen kann.

SCHWARZE BOHNENSUPPE

Eine leichte, aber sättigende Suppe, die man am besten aus schwarzen Bohnen – oder in diesem Fall Augenbohnen oder Pintobohnen – aus der Dose zubereitet. Mit Jalapeños, Kreuzkümmel, Limette und separat servierten Einlagen hat es durchaus Ähnlichkeit mit dem Taco-Essen, das in vielen schwedischen Familien freitags ein festes Ritual ist.

4 PORTIONEN

**6 Tomaten oder 1 Dose
  gehackte à 400 g**
4 Stangensellerie
**1 große oder 2 kleine
  Zwiebeln**
6 Knoblauchzehen
2 rote Chilis
2 EL eingelegte Jalapeños
Olivenöl
1 ½ EL ganzer Kreuzkümmel
2 EL Koriander
**4 Dosen schwarze Bohnen
  à 400 g**
**500 ml Hühner- oder
  Gemüsebrühe**
Saft von 1 Limette
Worcestershiresauce
Salz

EINLAGEN
Frühlingszwiebeln, gehackt
Sellerie, gehackt
Avocado
Chilisauce, am besten Chipotle
Crème fraîche

SO WIRD'S GEMACHT: Die Tomaten überbrühen und häuten, das Kerngehäuse entfernen und das Fruchtfleisch recht fein hacken. Alternativ die Dosentomaten öffnen. Den Sellerie und die geschälten Zwiebeln fein, den Knoblauch, die Chilis und die Jalapeños sehr fein hacken. In einem Topf etwas Öl erhitzen und diese Zutaten darin anschwitzen. Den Kreuzkümmel im Mörser zerstoßen und zusammen mit den gehackten Tomaten und dem gehackten Koriander in den Topf geben. Dann die Bohnen inkl. Flüssigkeit sowie die Brühe einrühren. 10 Minuten kochen lassen. Den Limettensaft auspressen und hinzufügen, mit Worcestershiresauce und Salz abschmecken. Die Einlagen in Schälchen dazu reichen, damit jeder sich nach Geschmack bedienen kann.

BRASILIANISCHE BOHNENBÄLLCHEN MIT GARNELEN-ERDNUSS-FÜLLUNG

Acarajé werden die frittierten Bohnenbällchen genannt, welche die Grundlage dieses Gerichtes bilden. In den Straßen von Bahia werden sie als Fastfood verkauft, doch will man sie selbst zubereiten, ist das alles andere als eine schnelle Angelegenheit. Das Problem ist, dass die Bohnen vor der Verarbeitung geschält werden müssen. Dosenbohnen sind leider keine Alternative, der Wassergehalt in ihnen ist so hoch, dass der Teig nicht zusammenhält.

Eigentlich sind Augenbohnen die Grundlage dieses Rezeptes, aber ich verwende stattdessen weiße Riesenbohnen, die den Vorteil haben, dass man nicht zu viele schälen muss. Lohn der Mühen sind perfekte, fluffige und ganz runde Bällchen.

6 PORTIONEN

BOHNENBÄLLCHEN
500 g getrocknete weiße Riesenbohnen oder Augenbohnen
2 Zwiebeln
3 Knoblauchzehen
Salz
Palmöl oder ein neutrales Öl zum Frittieren

FÜLLUNG
300 g geschälte Garnelen (entspricht etwa 1 kg tiefgekühlten)
100 g getrocknete Garnelen
1 Bund Koriander, gehackt
2 rote Chilis
2 Knoblauchzehen
75 g ungesüßte Erdnussbutter
400 ml Kokosmilch
60 g Panko
Saft von 2–3 Limetten
Salz

SO WIRD'S GEMACHT: Bohnenbällchen: Die Bohnen gründlich einweichen, mindestens 10 Stunden lang. Dann die Bohnen zwischen den Fingern reiben, damit die Schale sich löst. Es darf ein wenig Schale übrigbleiben, der Großteil sollte aber entfernt werden.

Die Zwiebeln und den Knoblauch schälen und hacken und mit den Bohnen im Mixer pürieren. Salzen. Das Öl auf 180 °C erhitzen. Hühnereigroße Bällchen formen und 5–6 Minuten frittieren, bis sie goldgelb sind. Dann auf einem mit Küchenpapier bedeckten Gitter abkühlen lassen, bevor sie bis zur Hälfte (denken Sie an Pac-Man) aufgeschnitten und mit der Garnelen-Erdnuss-Masse gefüllt werden.

Füllung: Frische Garnelen grob, getrocknete Garnelen und Koriander etwas feiner hacken. Die Chilis (evtl. ohne Kerne) sehr fein hacken und den geschälten Knoblauch ganz fein zerdrücken. Alle Zutaten zu einer groben Masse verrühren, diese dann auf dem Herd kurz aufkochen. Mit Limettensaft und Salz abschmecken und servieren. Wenn Sie keine getrockneten Garnelen bekommen, erhöhen Sie stattdessen die Menge an frischen.

Dazu passen geviertelte Kirschtomaten, abgeschmeckt mit Olivenöl, Limettensaft und Koriander.

GEORGISCHER KIDNEYBOHNENEINTOPF MIT WALNÜSSEN

Mit *Lobio* oder *Lobio nigozit* werden georgische Bohnengerichte bezeichnet, die mit Koriander, Walnüssen, Knoblauch und Zwiebeln aromatisiert sind. Es gibt sowohl heiße als auch kalte Varianten. Dieser Eintopf schmeckt heiß ganz wunderbar, funktioniert aber auch als kalter Dip am nächsten Tag.

4 PORTIONEN

500 g getrocknete Kidney-bohnen
ca. 150 ml Gemüse-oder Hühnerbrühe
3 Lorbeerblätter
1 große Möhre
1 rote oder gelbe Zwiebel
165 g Walnüsse
10 g frischer Koriander
2 rote Chilis, entkernt
4 Knoblauchzehen
1 EL Koriandersamen
2 TL Fenchelsamen
50–100 ml Olivenöl
100 ml Rotweinessig
1 TL Dijonsenf
1 TL frisch gemahlener schwarzer Pfeffer
1 TL Salz
1 Prise Paprika rosenscharf
glatte Petersilie und frischer Koriander zum Servieren

SO WIRD'S GEMACHT: Die Bohnen entweder 6–8 Stunden einweichen oder diese Schnellvariante ausprobieren: Bohnen in Wasser aufkochen und 5 Minuten kochen lassen. Dann vom Herd nehmen und den Topf 60 Minuten stehen lassen. Das Wasser abgießen. Die Bohnen erneut aufkochen lassen, diesmal knapp bedeckt mit Brühe, und zusammen mit den Lorbeerblättern, der fein gehackten Möhre und der geschälten und gehackten Zwiebel ca. 60 Minuten köcheln lassen. Die Bohnen müssen weich sein, aber immer noch etwas Biss haben.

Alle übrigen Zutaten im Mörser zerkleinern oder hacken und in einer Schüssel vermischen. Im Mixer oder im Mörser zu einem groben Teig verarbeiten. Diesen einige Minuten erhitzen. Dann unter die Bohnen rühren. Mit Salz und evtl. etwas mehr Essig abschmecken. Mit gehackter Petersilie und Koriander bestreuen. Am besten geräucherten Feta und ein leckeres Brot dazu servieren.

ACKERBOHNEN, ENDIVIEN UND ZIEGENFRISCHKÄSE

Süßlich, bitter und kräuterig durch den Rosmarin. Die großen, leuchtend grünen Ackerbohnen schaffen den Ausgleich und runden dieses recht stark aromatisierte Gericht ab. Frische Ackerbohnen gibt es meist nur eine kurze Zeit lang im Spätsommer, aber mit tiefgekühlten geht es genauso gut. Eine tolle Vorspeise oder Teil eines Buffets mit Brot, Oliven und luftgetrockneten Fleisch- und Wurstwaren.

4 PORTIONEN

600 g (ca. 4–6 Stück)
   Endivien
1 ½ Kilogramm frische
   Ackerbohnen, entspre-
   chend ca. 400 g geschält
200 g Ziegenfrischkäse

DRESSING
2 Knoblauchzehen
Schale von 1 unbehandelten
   Zitrone
1 EL getrockneter Rosmarin
2 EL Balsamico
2 EL Olivenöl
1 TL Zucker
Salz und frisch gemahlener
   schwarzer Pfeffer

SO WIRD'S GEMACHT: Zunächst das Dressing zubereiten. Den Knoblauch schälen und hacken und die Zitronenschale abreiben. Zusammen mit den übrigen Zutaten zu einer homogenen Masse im Mörser verarbeiten. Mit Salz und Pfeffer abschmecken.

Die Endivien der Länge nach halbieren. In einer trockenen, heißen Pfanne, am besten in einer Grillpfanne, auf beiden Seiten grillen, bis sie fast schwarz sind. Dann in kleinere Stücke schneiden und in einer Schüssel mit dem Dressing vermengen.

Wenn Sie tiefgekühlte Ackerbohnen verwenden, bereiten Sie sie nach Packungsanweisung zu.

Wenn Sie frische Ackerbohnen verwenden: Die Bohnen zunächst aushülsen (Bohnen aus den Hülsen lösen). 1 l Wasser in einem Topf aufkochen, die Bohnen ins kochende Wasser geben und 3 Minuten kochen. Abgießen und die Bohnen mit kaltem Wasser abspülen, bis man sie anfassen kann. Die äußerste Haut abziehen, sodass nur das cremige Innere übrigbleibt. Dieses vorsichtig mit den Endivien vermengen. Mit zerbröseltem Ziegenfrischkäse bestreuen und servieren.

REISNUDELN MIT SOJABOHNEN UND NUSSIGEM DRESSING

Extrem schnell zubereitetes und extrem leckeres Nudelgericht. Das Dressing kann man entweder aus Tahini
oder Erdnussbutter oder einer Kombination aus beiden
zubereiten.

4 PORTIONEN

1 Gurke
5–6 Stangensellerie
2–3 Frühlingszwiebeln
140 g Erdnüsse
250 g frische, tiefgekühlte
   Sojabohnen
4 Möhren
400 g dicke Reisnudeln

DRESSING
2–3 rote Chilis
1–2 Knoblauchzehen
Salz
Saft von 4 Limetten
1 EL Zucker
150 g Tahini oder ungesüßte
   Erdnussbutter (alternativ
   je 75 g)
4 EL helle Sojasauce
400 ml Kochwasser von den
   Nudeln
einige Spritzer Sesamöl

SO WIRD'S GEMACHT: Die Gurke schälen, halbieren, entkernen und in grobe Scheiben schneiden.
Den Sellerie und die Frühlingszwiebeln hacken. Die
Erdnüsse kurz zerstoßen. Die tiefgekühlten Sojabohnen nach Packungsanweisung zubereiten. Mit
dem Sparschäler oder Käsehobel die Möhren in
Streifen schneiden.

Das Dressing zubereiten: Die Chilis fein hacken
(gegebenenfalls zuerst ganz oder teilweise entkernen). Den geschälten Knoblauch mit Salz zu einem
Mus verarbeiten. Alle Zutaten für das Dressing verrühren und am Schluss mit Sesamöl und Knoblauch abschmecken.

Die Nudeln nach Packungsanweisung zubereiten. Abtropfen lassen, jedoch vorher 400 ml
des Kochwassers für das Dressing abnehmen.
Die Nudeln im Dressing schwenken und dann auf
4 tiefe Schälchen verteilen. Das Gemüse kann
sich dann jeder bei Tisch selbst portionieren.

PAKORA

Ein leicht zubereiteter pakistanischer Snack, den man unendlich variieren kann. Früher war es schwierig, Kichererbsenmehl zu bekommen, doch die vorherrschende Gluten- und Kohlenhydrat-Skepsis hat sich positiv auf das Angebot ausgewirkt. Als Füllung lässt sich im Grunde jede Gemüsesorte verwenden und mit jeder anderen mischen, doch das Gemüse sollte blanchiert, gekocht oder zum rohen Verzehr geeignet sein, da es beim Frittieren kaum gegart wird.

4 PORTIONEN

240 g **Kichererbsenmehl**
½ **TL Backpulver**
1 **TL Salz**
½ **Bund Koriander**
2 **grüne Chilis**
4 **Frühlingszwiebeln**
2 **Knoblauchzehen**
5 cm **Ingwer**
200–300 ml **Wasser**
Kurkuma
neutrales Öl zum Frittieren

500–600 G GEMÜSE IN STÜCKEN ALS FÜLLUNG, ZUM BEISPIEL:
grüne Erbsen
blanchierter Blumenkohl
Mais
gekochte Kartoffeln

SO WIRD'S GEMACHT: Das Kichererbsenmehl, das Backpulver und das Salz mischen. Den Koriander, die Chilis (evtl. entkernt) und die Frühlingszwiebeln hacken, den Knoblauch auspressen und alles in den Teig einrühren. Den Ingwer reiben und auspressen, hier wird nur der Saft verwendet.

Die genaue Wassermenge lässt sich nicht vorhersagen, aber der Teig muss locker genug sein, um am Gemüse zu haften. Beginnen Sie mit 200 ml und fügen Sie danach weiteres Wasser esslöffelweise hinzu. Zunächst ein Gemüsestück testen, haftet der Teig daran? Falls ja, können Sie das restliche Gemüse ebenfalls untermengen.

Mithilfe von 2 Esslöffeln den Pakora-Teig portionieren und in 180 °C heißem Öl 4–5 Minuten frittieren. Auf einem mit Küchenpapier bedeckten Gitter abtropfen lassen.

Am besten mit dickflüssigem Joghurt, abgeschmeckt mit Limettensaft und Salz, servieren.

BOHNENEINTOPF MIT CHORIZO UND MUSCHELN

In der nordspanischen Provinz Asturien werden *fabes la granxa* angebaut, eine extra fettige und cremige Variante der Ackerbohnen. Weiße Riesenbohnen übernehmen ihre Aufgabe in diesem wunderbaren Eintopf mit Venusmuscheln, Chorizo, Safranpaprika und Chili.

4 PORTIONEN

- 250 g Chorizo
- 2 Zwiebeln
- 6 Knoblauchzehen
- 2 Tomaten
- 4 grüne Chilis
- 100 ml Olivenöl
- 15 g Stängel von glatter Petersilie, fein gehackt + 20 g glatte Petersilie, fein gehackt
- 1 Prise weißer Pfeffer
- 1 Prise Safran (ca. ½ Tüte)
- 1 Prise Paprikapulver rosenscharf
- 500 ml trockener Weißwein
- 4 Dosen weiße Riesenbohnen à 400 g
- 600 g Venusmuscheln (oder andere Muscheln)

SO WIRD'S GEMACHT: Die Chorizo, die geschälten Zwiebeln, den geschälten Knoblauch, die Tomaten und die Chilis fein hacken. In einer großen Brat- oder Schmorpfanne das Olivenöl erhitzen und darin die Chorizo, die Zwiebeln, den Knoblauch, die Chilis und die Petersilienstängel bei mittlerer Hitze braten. Dann die Gewürze hinzufügen. Vorsichtig dosieren, es handelt sich um dominante Aromen, daher gilt zunächst: Weniger ist mehr. Einen Topf erhitzen, den Wein hineingießen und 1–2 Minuten einkochen lassen. Dadurch wird ihm das meiste der Säure entzogen. Dann den Wein in die Pfanne gießen und aufkochen lassen.

Die Bohnen abspülen und zusammen mit den Tomaten in die Pfanne geben. 5–6 Minuten mitkochen, am besten zugedeckt.

Tiefgekühlte Venusmuscheln müssen Sie nur abspülen. Bei frischen die Muscheln aussortieren, die sich geöffnet haben. Dann waschen. Die Muscheln in die Pfanne geben und 3–4 Minuten, wieder am besten zugedeckt, kochen. Mit Petersilie bestreuen und servieren, gerne mit geröstetem Brot, Crème fraîche und gebratenen Pimientos de Padrón mit Olivenöl und Salz.

P.S.: Muscheln wegwerfen, die sich bei der Zubereitung in der Pfanne nicht geöffnet haben.

BOHNEN, CHORIZO, KOHL UND HUHN

Eines meiner absoluten Lieblingsgerichte. Eine perfekte Mischung aus zerfallenden weißen Bohnen, festen Sojabohnen, saftigem Hühnchen und würziger Wurst. Nicht nur die Bouillon, auch das Huhn gewinnt enorm, wenn man es von Grund auf zubereitet, es schmeckt aber auch mit einem Fond oder mit Brühwürfeln sehr gut.

4 PORTIONEN

**Fleisch von 1 Huhn, alternativ
    1 kg Hähnchenschenkelfilets**
**1,2 l Hühnerbrühe, am besten
    selbst gekocht (siehe unten)**
Salz
250 g Chorizo
Olivenöl
150 g Grünkohl
150 g tiefgekühlte Sojabohnen
**400 g weiße Riesenbohnen
    aus der Dose**
1 ½ TL Rauchpaprikapulver

SELBSTGEKOCHTE BOUILLON
1 Zwiebel
½ Stange Lauch (das Grün)
1 Pastinake
1 Möhre
1 Stange Sellerie
1 Zweig Petersilie
1 kg Huhn (dasselbe wie oben)
2 TL Salz
**10 ganze schwarze Pfeffer-
    körner**

SO WIRD'S GEMACHT: Das Gemüse für die Bouillon bei Bedarf schälen und in große Stücke schneiden, falls notwendig das Huhn zerteilen, sodass es einen großen Topf passt. Alles in den Topf geben und mit Wasser bedecken. Aufkochen und abschäumen. Bei niedriger Hitze zugedeckt 20–30 Minuten kochen, bis das Fleisch gar ist (es muss sich leicht vom Knochen lösen lassen). Die Brühe in einen Topf abseihen und die Hühnerteile zum Abkühlen zur Seite stellen. Anschließend das Fleisch ablösen.

Die durchgesiebte Bouillon auf etwa zwei Drittel einkochen und mit Salz abschmecken. Die Wurst in Scheiben schneiden und in etwas Olivenöl in einem Topf kurz anbraten, dann die Bouillon angießen und aufkochen lassen. Den gehackten Grünkohl und die Sojabohnen hinzufügen und das Ganze 5 Minuten kochen lassen. Dann die Fleischstücke und die weißen Bohnen in die Suppe geben und alles erwärmen. Mit Paprikapulver bestreuen und umrühren.

Wenn Sie Hühnerfilets und fertige Boullion verwenden, braten Sie das Huhn zusammen mit der Wurst an.

KICHERERBSEN MIT KOKOS UND LIMETTE

Channa sundal werden diese Kichererbsen im Original genannt. Im südlichen Indien sind sie ein beliebter Snack am Strand, wo sie meist in einer Papiertüte serviert werden. Eigentlich werden frische Curryblätter verarbeitet, aber sie sind nur selten im Handel zu finden. Ihre Haltbarkeit ist einfach zu kurz, als dass Lebensmittelgeschäfte sie in ihr Sortiment aufnehmen könnten. Daher haben wir die Curryblätter durch abgeriebene Limettenschale ersetzt. Das ist nicht das gleiche, aber lecker. Das gilt auch für die Kokosnuss: Möchte man nicht mühsam eine Nuss zerteilen und das Fleisch reiben, funktioniert es auch ganz hervorragend mit getrockneten Kokosraspeln.

**4 PORTIONEN ALS EIN
KLEINERER SNACK,
2 PORTIONEN ALS
GRÖSSERER TEIL
EINER MAHLZEIT**

500 g gekochte **Kichererbsen**
4 EL braune **Senfsamen**
2 EL **Kreuzkümmel**
Olivenöl
2 EL **Knoblauch**
2 EL **Ingwer**
2 rote **Chili**
abgeriebene **Schale** von
    2 unbehandelten **Limetten**
2 Handvoll geriebene **Kokos-
    nuss**, am besten frisch,
    alternativ **Kokosraspel**
Salz

SO WIRD'S GEMACHT: Die Kichererbsen abspülen und so gut wie möglich abtrocknen.
Die Senfsamen und den Kreuzkümmel in einer
Pfanne bei mittlerer Hitze rösten, bis die Senfsamen zu springen anfangen. Dann Olivenöl
hinzufügen, und wenn es heiß ist, auch die
Kichererbsen, den geschälten und fein
gehackten Knoblauch, den geriebenen Ingwer,
den fein gehackten Chili (evtl. entkernt) sowie
die Hälfte der Limettenschale und beinahe
sämtliche Kokosflocken zu geben. Salzen.
Unter Rühren ca. 5 Minuten braten. Mit geröstetem Kokos und Limettenzesten garnieren.

Dazu servieren Sie Jasminreis, Limettenspalten, ein säuerliches Chutney und Joghurt,
verrührt mit Limettensaft und etwas Salz.

KICHERERBSENPIZZA MIT FÜNF VERSCHIEDENEN SORTEN LAUCH UND SPECK

Der Boden ist ein Mittelding zwischen Keks und Brot, der durch das Kichererbsenmehl ein nussiges Aroma bekommt. Belegt mit fünf verschiedenen Zwiebelarten und Speck ein herrlich üppiges Gericht.

4 KLEINE PIZZEN

TEIG
180 g Kichererbsenmehl
1 TL Salz
200 ml Wasser

BELAG
750 g Schalotten
3 Knollen Knoblauch
Olivenöl
Salz und frisch gemahlener
 schwarzer Pfeffer
1 rote Zwiebel
1 kleine Stange Lauch
5–6 Frühlingszwiebeln
140 g Speckwürfel

SO WIRD'S GEMACHT: Das Kichererbsenmehl mit dem Salz mischen und in das Wasser einrühren. Stehen lassen, am besten 8–10 Minuten lang.

Von den Schalotten und den Knoblauchknollen den Strunk abschneiden. Die Schnittfläche einölen und das Ganze im Ofen bei 150 °C etwa 1 Stunde backen. Herausnehmen und so weit abkühlen lassen, dass sich das weiche Innere von Zwiebeln und Knoblauch aus der Schale pressen lässt. Zu einem glatten Teig pürieren und leicht salzen. Die roten Zwiebeln schälen, halbieren und in dünne Scheiben schneiden. Den Lauch und die Frühlingszwiebeln in Streifen schneiden.

Aus dem Kichererbsenteig auf Backpapier 4 runde Böden formen (etwa 15 cm im Durchmesser) und im Ofen bei 225 °C 10 Minuten vorbacken. Dann herausnehmen, die Zwiebelcreme darauf verteilen, mit den Speckwürfeln, den roten Zwiebeln und dem Lauch belegen. Weitere 5–10 Minuten backen. Dann mit den Frühlingszwiebeln bestreuen, frisch gemahlenen Pfeffer darübergeben und servieren.

DIP AUS WEISSEN BOHNEN MIT DILL UND TRÜFFEL

Dieser Bohnendip ist sehr lecker und extrem einfach zuzubereiten. Passt zu einem guten Brot genauso wie zu allen Gelegenheiten, bei denen man denkt: „Ist Kartoffelpüree hierzu nicht ein wenig langweilig?"

4 PORTIONEN

2 Dosen-Cannellini-Bohnen
   à 400 g
50 ml gutes Olivenöl
20 g Dill, fein gehackt
abgeriebene Schale von
   1 unbehandelten Zitrone
2 EL Trüffelöl
Salz und frisch gemahlener
   schwarzer Pfeffer

SO WIRD'S GEMACHT: Die Bohnen abgießen, aber nicht abspülen, etwas Flüssigkeit wird benötigt, um dem Dip seine Konsistenz zu verleihen. Alle Zutaten mischen und zur gewünschten Konsistenz pürieren. Mit Salz und Pfeffer abschmecken. Der Dip schmeckt kalt genauso wie lauwarm. Dafür erwärmt man ihn kurz bei schwacher Hitze.

LAUWARMER SPINATSALAT MIT SESAM UND TOFU

Was bedeutet eigentlich Salat? Es ist einfacher zu sagen, was kein Salat ist, als festzulegen, was eine bestimmte Zusammenstellung von Zutaten zu einem Salat macht. Ist er warm? Ist er kalt? Ist er lauwarm? Vielleicht kann man sich auf die Lösung einigen, dass er zusammengemischt wurde. Dies hier ist eine cremige Variante mit einem Dressing aus Sojabohnen in drei Variationen – als Tofu, Miso und Sojasauce.

4 PORTIONEN

200 g Tofu, am besten Seidentofu
1 große Knoblauchzehe
Salz
4 EL helles Miso
2 EL helle Sojasauce
2 EL Weißweinessig
2 EL Tahini
400 g Blattspinat, frisch oder tiefgekühlt

SO WIRD'S GEMACHT: Den Tofu von Hand zerdrücken oder mit einem Mixer pürieren. Den Knoblauch schälen und hacken und mit etwas Salz zu Mus verarbeiten. Den Knoblauch, das Miso, die Sojasauce, den Weißweinessig und die Tahini verrühren und dann mit dem Tofu vermengen. Den Spinat blanchieren oder erhitzen und untermischen.

Zu diesem Salat passen sehr gut Reis, gebratene Eier, eine Chilisauce (Sriracha oder Kimchi-Basis), grüne Sojabohnen und der gekühlte Salat aus Bohnensprossen und Gurken von Seite 44 in einem schnellen Bibimbap. Oder in dünnen Scheiben gebratenes Rindfleisch.

BAISERS AUS KICHERERBSENWASSER

Der Titel klingt verrückt. Aber deshalb ist es umso schöner, dass dieses Rezept so gut funktioniert. Die Flüssigkeit aus einer Dose vorgekochter Kichererbsen, die man in neun von zehn Fällen einfach wegschüttet, wird mit etwas Zucker zu perfekten eifreien Baisers. Sie ist sogar noch einfacher zu schlagen als Eiweiß. Das Rezept wird dem amerikanischen Vegan-Blogger Goose Wohlt zugeschrieben, der Kichererbsenwasser auch als Eiersatz unter anderem in Waffeln verwendet.

30 KLEINE BAISERS ODER 2 TORTENBÖDEN

Flüssigkeit von 1 Dose vorgekochter Kichererbsen à 400 g
135 g Zucker
1 TL Vanillezucker
1 TL Zitronensaft

SO WIRD'S GEMACHT: Den Ofen auf 100 °C vorheizen. Die Flüssigkeit zu einem festen Schaum schlagen. Den Zucker und den Vanillezucker mischen und unter ständigem Rühren langsam zugeben. Den Zitronensaft auspressen und hinzufügen. Der Teig lässt sich natürlich auch mit zum Beispiel Schokolade, Lakritzpulver, getrockneten Beeren usw. nach Geschmack und Belieben abwandeln. Umrühren, bis sich die Schüssel auf den Kopf drehen lässt, ohne dass die Masse herausfällt. Den Teig auf einem Blech ausstreichen oder zu Baisers formen, evtl. mit Garnierung bestreuen und 60 Minuten backen. Danach die Baisers 30–60 Minuten in der Nachwärme im Ofen stehen lassen, bis sie so trocken sind wie gewünscht. Denken Sie daran, dass die Zeit je nach Ofen erheblich variieren kann.

OKARA-DONUTS

In Kyoto, Japans alter kaiserlicher Hauptstadt, wurde schon früh eine verfeinerte vegetarische Küche, *shojin ryori,* rund um die zenbuddhistischen Tempel entwickelt. In deren Zentrum stand Tofu. Die Tradition lebt weiter. In vielen Tempeln werden Degustationsmenüs mit Tofu in allen Varianten angeboten, und auf Kyotos Märkten gibt es nicht nur frischen Tofu, sondern auch fertige Salate aus Okara, getrocknete Sojamilchhaut (*yuba*) und nicht zuletzt: Tofu-Donuts. Dies hier ist eine Variante für die heimische Küche. Außen knusprig, innen zäh und einfach unwiderstehlich. Okara, diese Masse aus vermahlenen Bohnen, die bei der Herstellung von Sojamilch übrigbleibt, spielt eine wichtige Rolle.

CA. 25 DONUTS

25 g frische Hefe
150 ml handwarme Sojamilch
200 ml Okara, siehe S. 34
1 Ei
3 EL Zucker
½ TL Salz
360 g Weizenmehl + Mehl
   zum Formen
100 g zimmerwarme Butter
1 l neutrales Öl zum
   Frittieren
Zucker oder Puderzucker
   zum Garnieren

SO WIRD'S GEMACHT: Die Hefe in die Sojamilch einrühren. Okara, Ei, Zucker und Salz untermischen und alles zu einem glatten Teig verrühren. Danach das Mehl nach und nach hinzufügen, zuletzt die Butter zugeben. Der Teig wird ziemlich locker, aber das soll so sein. Zugedeckt bis zur doppelten Größe aufgehen lassen, das dauert etwa 1 ½ Stunden.
Den Teig auf die bemehlte Arbeitsplatte geben und auf eine Dicke von ca. 2 cm plattieren (nicht ausrollen!). Donuts in der gewünschten Größe ausstechen, am besten mit einem Loch in der Mitte. Letzteres kann man auch von Hand machen.
Die Donuts (und das ausgestanzte Lochinnere) auf eine bemehlte Fläche legen und zugedeckt weitere 30 Minuten gehen lassen.
Die Donuts in 180 °C heißem Öl frittieren, bis sie goldgelb sind, ca. 2 Minuten von jeder Seite. Auf einem Kuchengitter oder auf Küchenpapier abtropfen lassen. Nach ein paar Minuten können die Donuts in Zucker gewälzt oder mit Puderzucker bestreut werden. Sofort essen! Man kann die Donuts auch gut einfrieren und im Ofen aufwärmen.

REGISTER

BOHNEN, ERBSEN UND LINSEN A–Z

Fett gedruckte Ziffern gleich Rezeptseiten

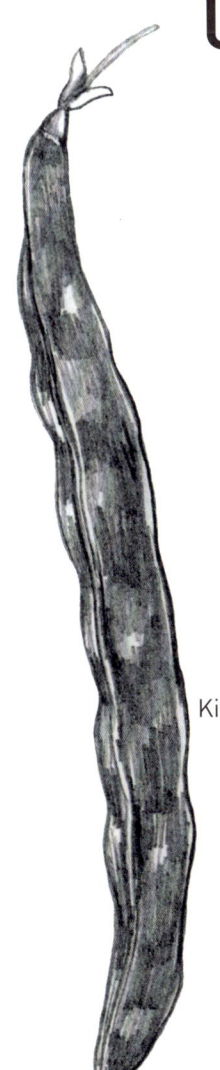

VERLAGSGRUPPE PATMOS

PATMOS
ESCHBACH
GRÜNEWALD
THORBECKE
SCHWABEN

Die Verlagsgruppe
mit Sinn für das Leben

Danke, Jesper, dass Du mitgemacht und gekocht, probiert, eingekauft und – nicht zuletzt – mitgeholfen hast, all das hier aufzuessen.

Für die Verlagsgruppe Patmos ist Nachhaltigkeit ein wichtiger Maßstab ihres Handelns. Wir achten daher auf den Einsatz umweltschonender Ressourcen und Materialien.

© der deutschen Ausgabe 2017 Jan Thorbecke Verlag,
ein Unternehmen der Verlagsgruppe Patmos
in der Schwabenverlag AG, Ostfildern
www.thorbecke.de
© 2015 Jenny Damberg, Originaltitel: Bönor, ärtor & linser.
First published by Natur & Kultur, Sweden.
Umschlaggestaltung: Finken & Bumiller, Stuttgart
Gestaltung und Illustration: Kristin Lidström
Fotos: Ulrika Ekblom
Satz: Schwabenverlag AG, Ostfildern
Druck: Firmengruppe APPL, Wemding
Hergestellt in Deutschland
ISBN 978-3-7995-1123-0